古井田宏輝
杉本悠翔

折れない翼のそだて方

新・飛ぶチカラ

敬天舎出版

目次

プロローグ

生きるのは選択の連続だ。

朝、何時に起きるか、から、夜、何時に寝るかまで、およそ三万五千回、何かを決めているという研究がある。

三万五千は、選択した回数、あるいは選んだ結果の数字だから、当然、選択肢はもっとたくさんある。その大半が二者択一ではないだろう。例えば、起床時間が二つに一つから選ばれるなどということはない。

もしかしたら、何時に起きるかを決めるのは、起きるか起きないかの選択さえ含んでいるのかもしれない。そして、誰もが最終的にはいつもいつも決めているのだ。

すべての人間は、それだけの選択能力を備えている。だけど、ある人は決断力があり、またある人は優柔不断だと呼ばれたりする。

凡人と成功者の差は、決断力、行動力にあるらしい。

日常生活の選択よりも大きく、結果が重い選択のことだ。

それが正しいか、間違っているかは、後回し。

努力の量、などもよく成功の基として例に挙げられるが、何かに向かって努力することは、それをやるかどうか決めて、実行するのだから、前の二つの要素の後にくるものではないだろうか。

成功者とは少し違う意味を持つ、ヒーローという人（？）がいる。

人に疑問符がつくのは、必ずしも実在の人類でなくともいいからだが、なんにせよ、ヒーローの凄みは、最上級の決断力と行動力を示すことにある。

誰かに引っ張ってもらいたい、選択を変わってもらいたい場面は、腐るほどある。できれば、ヒーローみたいな奴に。

もちろんそんなことはできない。だけど彼らの考えをできるだけ真似しようとする。

でも、ヒーローの与えてくれる教訓は、たぶん、たった一言、シンプルに要約できる。

歩みを止めるな。

折れない翼のそだて方

飛ぶチカラ2

エピソード1　考え／躓き

ボソボソと話す声が、眠りの底から意識を引き上げる。

目をあけると、病室に差し込むぼんやりとした朝の光の中に、ベッドの両脇から僕を覗き込む見知らぬ二つの顔が浮かんでいた。

老人と少女。

二人とも、やたらと時代錯誤な格好をしているらしい。

少女は七五三に子どもが着るような派手な和服。

老人は、僕には縁がないパーティで着るようなフォーマルスーツに蝶ネクタイ。

やけに背の高いシルクハットまでかぶっている。

困ったな。こんな時、僕みたいな立場の人間は何を言えばいいんだろう?

少女が囁いた。

「サプラーイズ」

なんやねん。


怪我をしたのは、完璧に自分自身のせいだった。

元の体に復帰するまで、誰のなんの役にも立たないどころか、最初から最後まで迷惑でしかなかった。

今までの人生で一番、自分が嫌いになっていた。

生まれて二十一年間、必要としなかった何かを、初めて探した。

「探す」は「調べる」だと知った。


入院は五日目になっていた。

鎮痛剤のせい？かなにか知らないが、眠ってばかりいる。

二十四時間の中で起きているのはたぶん七時間もないくらいだ。

なのに、飽きた。

当たり前だ。

ベッドに釘付けにされたまま、窓の外の市街地か、正面に見える別の入院患者用ベッドか、プップッ穴があいたヒジキみたいな模様が入った四角いパネルが並んではめこまれた天井……永遠に変わりばえしない光景を眺めるしかないんだから。

病室にはテレビもある。もちろん、それぐらいは備え付けてある。

けれど、入院二日目にいくつかのチャンネルを試してみて、どれも面白くなく、以来、スイッチを入れていない。

もともと僕はテレビを見る癖がないから、慣れていないのかもしれない。

最後に夢中になって見たのはどんな番組だったんだろう。小学生の時のアニメだったか？　そうか。中学の頃に話題のお笑い番組を追いかけていた覚えはあるな。

ネットは、昨日あたりまで暇つぶしになった。

けれど、お気に入りのサイトや情報が常に更新されているわけではない。同じ画面ばかりずうっと見ていても仕方ないので、すぐに行き詰まった。

ＬＩＮＥにしても、暇なのは僕だけなので、誰かに送ったどうでもいいメッセージに反応があるのを待っているのも虚しい。

スマホゲームは、時間がたっぷりある状況だからそれこそやり放題、のはず。なんだけど、ヒビが入って固定された指ではやりにくい。

結局、外か前か上を眺めて時間をやりすごすだけになってしまった。

見舞いに来てくれる人は何人かいる。

夏休み中の大学の同級生に先輩後輩、バイト先の……以下同。

多い日は何組も顔を見せてくれた。というか、たぶん、顔を見にきてくれた。とてもありがたい。それぞれ忙しいのに申し訳ない。

彼らはみやげを持ってきて、三十分ぐらいいて、クソ暑い京都の街に戻っていく。でも何か特別に話すネタがあるわけじゃない。

母親は毎日来る。

最初の二日間は、朝から晩までずうっとベッド脇の椅子に座っていた。

あの人は仕事を持って働いている。神戸市内のオフィスでフルタイム。僕の付き添いのために有給をとったそうだ。毎朝、明石の家から通ってきた。

それはそれで、職場の同僚とか各方面に迷惑がかかるんだろうから、三日目に「もういいよ」と断った。看病しなければならない大きな病気になったわけではない。ただの大怪我なんだから、と。

それでも、朝か夜に必ず顔を出して、時には着替えを持ってきて、洗濯物を引き取って様子を確かめて帰っていく。どうしても来れない日にはきっちりＬＩＮＥをしてきた。

…………退屈だ。

楽しみは食事だけになってしまった。

病院食はとてもおいしい。動けないので腹が減らないかというとそんなことはなく、朝昼夕、とメシ前は飢えてしまってどうしようもない。

間違いない。僕はめっちゃ健康なんだ。

ともかく、五日目の午後。

食後の昼寝から目覚めたら、八田がいた。

ベッドの足元に置いた椅子に座り、ひょろ長い体を折りたたんだ前のめりの姿勢で手にした本を読んでいる。

「なんの本、読んでんの」

いきなり、聞いてやった。

八田は顔をあげ、こちらを見る。左右を短く刈りあげたツーブロック。キリッとした太めの眉と下がり気味の目尻。

Tシャツの胸から腹にかけて、汗の形の模様ができていた。

無言で本を一旦閉じ、外側にかかっていた「大垣書店」の紙のカバーをはずして、表紙を僕の方に見せる。『キングダム』のコミックスだった。

「五十八巻。最近出たやつ？　買ってきたの？　今何時？」

変な聞き方なのは自分でわかっていた。起き抜けで、なんだかまだ頭が少しぼおっとしている。

「三時。うん。いいね。テンションあがりっぱなし。田代は『キングダム』好きなんだっけ」

田代ケン、が僕の名前だ。

八田がスマホを取り出し、ちらっと時間を確かめて答える。

挨拶なしのこんな会話が心地いい。だいたい、この男はいつの間にか現れてずっとそこにいたような空気感を出しているのが常だから、挨拶そのものが似合わない。

で、見慣れたこの顔が見舞いに来てくれたのは、これで三回目だ。

「面白いと思って読んでたんやけど、途中でやめた」

「なんで」

「めっちゃ長い。雑誌の連載も終わってないんやろ。完結してから一気読みすることにして、一旦やめた」

僕が答えると、八田は「ああ、あるね」と呟いてうなずいた。我ながら理屈になっってないかも、と思ったが、案外理解してもらえたらしい。

世の中の多くの人が同じかどうかわからないが、僕は、漫画でも音楽でも他のそういう類のものでも、自分の「担当」かどうか判断して、追いかけたりそうしなかったり決めて生きている。

例えば、まだ続いている未完の漫画なら（漫画雑誌は読まないから）、コミックスの最新刊が出るたびにすぐ手に入れて、また次を心待ちに数ヶ月を過ごすかどうか、みたいなことだ。

『キングダム』は、第一巻からめっちゃ面白かった。登場人物がみんないいこと言うし、ストーリーはテンポよく進むし、戦闘シーンに迫力がある。でも「担当」にはならなかった。

たぶん、僕にとって読み始めのタイミングが悪かったのだと思う。その頃、すでに五十巻にはなっていて、かなりの出遅れ感があった。よくわからないが、それで、自分の「担当」じゃない方に割り振ったのではないだろうか。

しかし、僕が読むのをやめた複雑な事情なんか、八田はどうでもよかったのだろう、それ以上追及されることはなかった。

代わりに、この漫画のファンとして、別の部分がひっかかったらしい。

「途中って、どのへんまで読んだんだ？」

「ええと、たしか二十巻あたりかな。主人公が敵の強い将軍かなんかやっつけて、出世するところ」

「ああ、信が千人将になる。そうか、確かに区切りがいいな。あの攻防戦のくだり、長かったからね。たぶん二十三巻だけど」

僕の説明ですぐにどんな場面がわかったらしい。正しい巻数も。さすがに「担当者」（と僕が勝手に決めつけた）だ。

「わかるんや。さすが。お前はいつから読んでんの？」

逆に聞いてみた。

「結構、前からだよ。中学校。連載は二〇〇六年に始まって、ていうことは、俺らまだ小学生だろ。だから本当の最初の頃は知らなかったけど。それでさ、田代はどのキャラが好き？」

追及は続いていくらしい。『キングダム』は八田にとって大当たりの話題だったようだ。何の気なく触れたことを、僕は後悔し始めていた。

困った。お気に入りのキャラか。

そう問われても、なのである。

じつは、あの漫画、主人公はさすがにわかるが、山のように出てくる漢字の登場人物の名前が覚えきれなかった。しかも読みやめたのは二年も前。記憶があいまいになっている。

絵を思い浮かべつつ、なんとか答えてみた。

「名前はわからん。ほら、あの、めっちゃでかくて強い大将軍。目がくりっとしてヒゲがあって。あ、だいたいみんなそんな顔やけど。信に目をかけてやられて死ぬ前に槍かなんかくれた……」

「王騎か。早く死ぬわりには、ずっと最重要人物扱いだよ」

「それや。かっこいい大人やな、と思った」

なるほど、そうなのか。いつか先を読むのが楽しみである。

「八田は誰が好きなん？」

「俺の場合はね、個人じゃないんだ。ていうか、みんなだね。始皇帝・政と敵対してるキャラも性格が悪けりゃ悪いなりにいいし、戦争している相手国の将軍とかが強けりゃすげえなって」

そうとうに惚れ込んでるらしい。

仕方ない。何も知らないのがバレて少し恥ずかしいが、教えを請う立場に徹することにしよう。ならば、と、前から疑問に思っていたことを聞いてみた。

「なあ、『キングダム』って、秦の始皇帝が中国を統一するまでのストーリーやろ。それは知ってんねん。ほんで、あれって本当に起こった事実なん？　登場人物はほんまにおった人？」

「そうだね。人物については創作の部分が多いはずだよ。主人公の信なんかは、史実ではあそこまで重要人物ではなかった。でも、いろんな出来事はだいたい歴史書に基づいているみたいだな。順番が多少前後しているけど」

「そうなんや」

「ちょこちょこ調べたんだよね。ほら、連載中の漫画って、なかなか続きの巻が出ないだろ。なのに、こっちはめっちゃ待ってて、出た途端に買う。買ってすぐに読み終わる。一時間もかからない。なんか報われない。で、ストーリーがオリジナルなら待ってるしかないんだけど、『キングダム』の場合は、中国の『史記』が題材だってわかってるから、実際の歴史はどうだったかとか知りたくなって、他に漫画や小説や映画になってたら、そういうの読んでみようって思って……」

「あ、思い出した。俺、中国史って苦手やけど、『史記』っていう名前には見覚えがあった。逆に漫画を読んで、ああ『史記』にはこういうことが書いてあるんか、ってイメージが繋がった」

つい口を挟むと、話を邪魔された八田がかえって嬉しそうな顔になった。

「わかる。たぶん、そもそもは堅苦しく書かれている歴史書をエンターテインメント化するってそういう効果もある」

なるほど、そういうものか。

「でも、俺は漫画のもとになったのがどんなのだったか知りたくなったから、『史記』の現代日本語訳を読んでみた。そしたら、結構、がっかりした」

「なんで。面白なかったんか」

「そういうんじゃない。難しくてつまらないだろうとは思ってたから。そうじゃなくて、イメージが違った」

「イメージ。どういうこと？」

「始皇帝の描き方。あのさ、俺が読んだ『史記』としてまとめられている書物はいくつかのパートの合体なんだよ。よくわからない伝説みたいな古い国から、数百年後の漢の途中まで、各時代、各国の王を主人公にして出来事をずらっと並べた『本紀』がまず中心にある。そこに描かれてる始皇帝は、他国と戦争しまくって中国最初の統一王国を築いた、ものすごく優秀で冷酷な専制君主なんだけど、まあそれは『キングダム』の世界とそんなに変わらない。それで、別のパートとして、王以外の重要人物にスポットをあてた『列伝』ってのがある。それが問題だった。呂不韋について書いてる部分で、始皇帝・政の父親だって断言してるんだ」

　僕はもう話についていけなくなってきた。リョフイって誰だっけ。顔が思い浮かばない。だけど、八田の邪魔をするのもなんだから、あとで調べることにしておく。

ただ、中国の歴史書として記憶にあった『史記』にそんなスクープっぽい話が載ってるとは思わなかった。

「どろどろやん」

「うん。俺も読んでて、スキャンダルみたいだなこれはって思った。でもさ、秦が短い期間であっさり滅んだ後に中国を統一する漢を作った劉邦については、すごい書き方してるからね。劉邦は別に王族の子孫でもなんでもないんだけど、生まれたときに龍が現れた奇跡の人だから帝王になるのは当然だ、とか。とはいっても、書かれたのが二千年以上前だから、そういう、なんか伝説とかがあって不思議じゃないって思うんだよ。よくあるだろ、古ーい歴史上の人物の逸話には。キリストとかさ。逆に始皇帝の出生の秘密の方が生々しすぎて不自然なんだよな」

「確かに。そんで？」

「ようするに、政は秦の王になる資格がなかったのに絶大な権力をふるったロクでもない王朝だったたって匂わせてるわけなんだけど、『史記』がそうであるのには、現代の日本の解説によると理由があるんだって。『史記』は漢の時代の本だから、前の王朝・秦を悪く書いた」

「マジか。そんな理由か。それで正しい歴史って呼べるんか」

「政権交代すると、前の政権の悪口を言うものだから。しかも、後の研究者によれば始皇帝が秦王族の血を引いてないって話はデマだって説があるらしい。母親の妊娠期間とあわないから。でも、そういうのも、まあどうかと思うよね。他の箇所じゃ龍が現れてどうのなんて書いてるんだから、もっとすごい妄想でもしてくれればいいのに。現実的すぎる」

「ギャップがあるんちゃうかと」

「別にいいんだけどさ。そこまで調べて、俺は『キングダム』の世界が好きだから、あんまり深掘りしてもしょうがないかって思い始めた」

八田は手に持ったコミックスを再び僕に示してみせた。

「でも、どうなん？　歴史の本はそういうものとして、別の小説とか漫画とか試したら。秦の始皇帝を主人公にしたやつ。八田が気に入る本もあるんやない」

「うん。だから、その中の漫画を二冊と小説を一冊読んだ。『史記』をわかりやすく描いたテイストのと、始皇帝を主人公にして人間ドラマにした感じだった」

「おもろかったか」

「よかったよ。でも違った。俺が求めるものとは」

そのとき、病室の入り口の方から近づいてくる足音がして、白衣を着た医師が姿をあらわした。

「こんにちは。ちょっといいかな」

僕の担当の矢澤先生だ。午後の検診の時間になっていたのだ。

八田は、邪魔になってはいけないと気をまわしたのか、あわてて立ち上がり、先生に向かって軽く会釈をして、

「あ、すいません。じゃあ俺、行くわ。また来る」

後半は僕に向かって言って、さっと手を振り、足早に帰っていった。


矢澤先生が、一緒に来た看護師さんと共に僕の体温を確かめ、脈をはかる。痛みはどうか、食欲はあるか、等の問診をする。

「うん、異常なし、経過は順調。当分入院。リハビリは計画通りに行います、と」

入院以来もう何回めになるだろうか、それらひとしきりのルーティンが終わったあと、一息ついて違う話を始めた。

「それで、ごめん、さっきの友だちとの話、ちょっと耳に入ってしまって。『史記』なん

て言葉が出てたでしょう」

僕が救急車で担ぎ込まれた、この西北七条総合クリニックでたまたま当直していて面倒をみてくれたのがこの人だ。

年齢は、よくわからないが、たぶん五十代ぐらいだろう。中肉中背、少し伸び気味の七三分けの髪に黒縁メガネ。実直で真面目そうで、いつも少し疲れている。

「僕、歴史小説が好きでね。普段はまったく暇がなくて読めないけど、夏休みと正月休みには本を抱えて自宅にこもって楽しむことにしてる」

「そうなんですか。いえ、僕ではないんです。さっきの友だちが中国の歴史漫画にハマってるみたいで。すみません」

残念ながら、僕では深い会話の相手にはなれない。

「ああ、いいんだよ。そうか、中国史か」

矢澤先生は言い、立ち去ろうとして、ふと思い出したようにひとこと付け足した。

「本といえば、今ね、御所と金閣寺の間に、僕の知り合いが興味深い『場所』を作ってるんだよ。君の大学も近くだろ」

「ええ、そうですけど。何を作ってるんですか」

「今度ゆっくり教えてあげるよ。そうだな。すぐに車椅子で移動できるようになって、リハビリが始まる。その頃にでも。たぶん、君の役に立つと思うよ」

役に立つ、僕の……？

思わせぶりに眼鏡のレンズを光らせて、先生は次の病室へと去っていった。

エピソード2　停滞／諦め

飲酒可能年齢になってわかったこと。

僕は酒に飲まれるタイプだ。

とにかく宴会が大好きなので、乾杯の声が終わった瞬間からスパートし、どんどんどんどん飲んで、結果、オーバーペースになる。

飲み会の翌朝は、前日の自分の言動をおぼえていない、なんてことがよくある。

あとで一緒に飲んだ連中に聞いてみると、かなり陽気になるが、暴れたりはしていないらしい。よく同じ場にいる八田によれば、一旦胃の中に入ったあれこれをナニしてしまう場面に出くわしたこともないという。

それなら少しは安心。

しかし泥酔には違いない。足元は相当ヤバくなるそうだ。

「ぐるんぐるん歩くんだよね。他の通行人にぶつかりそうだから、常に捕まえてなきゃいけなくて、それだけがめんどい」

迷惑な彼である。でありながら、今まで事件事故なく乗り切ってきたのも事実。

だが、終わってしまった。

元文系1Bクラス夏休み前の「おつかれさま夏の納涼飲み会」の夜に。

その日は、明日から夏休みということもあって、仕込みも手間暇かけた、半日がかりの飲み会イベントになった。

昼間、中央市場隣の有名なBBQスペースで肉やら野菜やらをさんざん食べまくったあと、夕方から場所を変えて二次会へ。参加者は四十人前後だった。

そこまで僕にしては珍しくノンアルコールで通していたのは、一次会の幹事だったから。参加費一律三千円。明朗会計できっちり徴収して支払いをすませ、清々しい気分で「よおしー飲むぞー」と張り切って、西七条にある古い家屋を利用したリーズナブルで学生にありがたがられている居酒屋へと乗り込んだ。

元文系1Bクラスはとても仲がいい。

一回生、二回生の時の夏には海水浴に遠出したたし、ハイキングにボウリング、カラオケ

〈大〉大会、クリスマス飲み会、試験明け飲み会、ただの飲み会と、よくみんなで遊んでいた。

学部から専攻へと皆が散って三回生になっても、先日のように「イベント開催！」の連絡網をまわせば、ほとんど全員が集まってくる。

そして――

この日が、僕にとっては学生時代最後のイベントになった。

大学を辞める決意をしたからだ。

幹事に自ら名乗りをあげたのはそういう事情もあったのである。

伝えていたのは、八田をはじめ数人。あとはおいおい知らせていくつもりだった。

ともあれ。それはそれ。

飲み会のスタートダッシュ野郎、絶対的ポールポジションを自認する僕が、こんな時間まで一滴も酒を入れていないなんて状況は、まあ間違っている。

みんなに追いつかなければ。

煽るように次から次へと酒を流し込んだ。

結果として……足首を骨折。おまけになぜかアキレス腱損傷。右手の中指、薬指、小指もそれぞれヒビが入った。それと、頭の後ろに大きなこぶが一つ。

手の方はともかく、再びちゃんと歩けるようになるまで、どんなに短くても半年はかかる。

古い民家を改装したその居酒屋の二階が我々にあてがわれた宴会場だった。そして、足場が狭く急な階段は、酔っ払うと〈ぐるんぐるん歩く〉僕には不親切である。

当然のごとく、僕は階段からブチ落ちた顚末を覚えていない。

目覚めたら病院のベッドの上、というやつだった。片手片足がガッチリ固定されていた。そりゃあ痛かっただろう、かわいそうに、酔っ払いの俺。知らんけど。

実際のところは、落ちたのではなく、落とされたに近かったらしい。

店員の一人が目撃していた。階段のあたりで僕ともう一人、他の学校の学生がもめていたそうだ。僕は酔っ払ってわけがわからなくなっていたので、向こうが一方的に「謝れ」だの、「えんかげんにせえよ」と叫んでいたらしい。

証言によれば、僕がふらふらと歩いて、相手にぶつかっていったらしい。彼も最初は、酔っ払いのやることだからと、そのまま離れていこうとした。ところが、僕がしつこく絡みついた。

そこで相手は振りほどこうと「ええかげんにせえよ」と揉み合ううち、僕が突き飛ばされた形になって、階段から転がり落ちた。

店員が救急車を呼んで、母の連絡先がわからないため、数人が朝まで病院で付き添ってくれたという。感謝しかない。

担ぎ込まれた当初、意識がもうろうとしていたため、しかも後頭部を打った形跡があったため脳震盪が疑われたが、そちらは問題なかった。

本当にもう、アホで華々しい別れの会になってしまった。

警察官が病院へきての事情聴取がまた情けない。

まったく何も覚えていない。自分が一方的に悪かったのか、相手にも非があったのか、あらゆる主張が不可能。生涯初体験のストリートファイトだったのかどうかもわからないまま、聞かれることすべてに
「すみません。おぼえてません」

を繰り返した。中年の警官は、

「仕方ないよ、これからは、若いからってあまり飲みすぎへんようにな」

と慰めと戒めの言葉を残し、怪我の写真を撮って帰っていった。

後で連絡をもらったところによると、最悪、障害致傷にあたるところだった相手の学生は、状況が不鮮明なため、また、僕の側に訴える意志がなく治療費を負担することで和解したため、起訴猶予となったとのことだった。


入院して動けなくなり、あの夜までに組み上げていた人生設計が頓挫した。

本来なら、今頃、新社会人になってフルタイムで働いているはずだったのだ。

退学せずに順調にいけば、あと一年半、大学生でいて、おしまい。卒業である。同級生たちはそのための準備をしている。春から忙しく就職活動を始めていた。

現状の就職状況はどうか。

聞きかじったところによると、世間では売り手市場だといわれているが、それは偏差値の高い「ああいう」大学の学生たちだからであって、うちのようなもうすぐFランク、ぎりぎりボーダー上の学校に必ずしもあてはまる話じゃない、らしい。

地元関西の求人数が伸びているからといって、分不相応な高望みの志望を抱いてチャレンジなんかしても、不採用記録を積み上げるだけで、ようするに無駄である。

そんな中、僕は、一切、就職活動をしなかった。

すでに働いていたからだった。大学一年の夏に始めた仕事で、もう二年になる。正社員という扱いではないが、手取りはたぶん一般企業初任給の平均ほどには達していると思う。

もちろん、怪しい仕事ではない。簡単にいえば営業だ。代理店が大手メーカーと契約した案件のさらに下請け。

飛び込みのセールスが主な業務である。そこで僕はとても優秀な成績をあげてきた。

仕事を教えてくれた先輩にいわせれば、才能があるらしい。初対面なのに、他人に話を聞いてもらえる才能。他人が話したくなる才能。

若い社長は、このままいけば、あと一年で独立起業させたいと言ってくれている。今の会社を中心にしてグループ企業として地歩を固めるため、だそうだ。

うちは母子家庭だ。中学二年の時、父が死んだ。

以降、生命保険と母の稼ぎで僕は大学まで来させてもらった。

奨学金も、もちろん取得している。将来、返さなければならない借金として。

私立大学の授業料は安くない。さらに、設備費だのなんだのという名目でまたプラスアルファがある。

　僕は特別に前期後期の分納の形にしてもらっているのだが、結局のところ、あと一年半でなんだかんだ二百万円近くは払う計算になる。

　バイトでそこそこ稼げるようになって、住居費光熱費といった生活費と授業料のうちいくらかは負担できるようになったものの、全額まではいっていない。

　いつも思っていた。母の預金をこれ以上減らすのはよくない、と。

　バイト先の社長は、僕からの入院報告のＬＩＮＥ（実際には、左手だけで文字を打つのは大変だったので、母に代わってもらったが）を見ると、仕事中にも関わらず、すぐさま病室に駆けつけてくれた。

「いやあ、エースの故障やな。痛いで戦力的には」

　手足に不自由があるものの、元気だと聞かれされた社長が言ったセリフだ。若いのだが、時々、変におじさんくさいギャグを言う人でもある。

「でもまあ、しっかり治しいや。それまでよう休んで。俺らはいつでも待ってるから」

　ありがたいと同時に、また自分の不甲斐なさが身にしみた。

八田がまたやってきた。前回から中一日である。

「みやげ」

汗まみれの顔で言って、大きな紙袋をベッド脇に置く。

「おお、サンキュウ。ほんでなに、それ？」

聞くと、中から文庫本を一冊、取り出してみせた。

「『三国志』の漫画、全三十巻。作者は横山光輝。めっちゃ有名。普通サイズだと片手で読むのは不便だろうから、文庫版で持ってきた」

紙袋からさらに何か取り出す。

「それと、書見台。本を読むための装置だね」

プラスチックと金属の棒の組み合わせで出来たそれをカチャンカチャンと組み立て、ベッド備え付けのテーブルに乗せる。『三国志』第一巻のページを適当に開いて、そこにセットした。

「これで楽になるだろ」

試してみた。確かに左手だけでページがめくれる。右手の指がガチガチに固まって動かせない状態ではすごく助かる。

しかし疑問があった。

「なんで『三国志』？『キングダム』ちゃうの」

「あれは田代が完結するまで待つって言っただろ。で、この間言ったとおり、『史記』にいきたいなら順番的にその後がいいと思うんだ。『三国志』を持ってきたのは、俺があの後に目をつけた本だから」

なにやら意味がわかったようでわからない強引なおすすめだったが、かといって損するわけじゃないのでとりあえず受け取っておく。

「わかった。で、僕はどうすればいい？　三十巻を全部読むんか」

「まずはね。終わったら、次にこっち」

さらに数冊の文庫本を持ち出した。

「下手するともっと有名な小説だね。吉川英治の書いた『三国志』。むしろ、漫画は小説を下敷きに作られたらしい」

「もしかして読み比べしろってことか。八田は全部読んだんか」

「まだ。あれから二日しかたってないだろ」

何やら威張っている。

つまり、この男は、自分もまだ読み終わっていない二種類の『三国志』を僕に与えて比較させて何か感想なりを述べよ、と言っているのだ。

「なんでそんなんせなあかんの」

「暇だから」

「……そうか、そやな。わかった。やってみる」

一言で押し切られた格好になった。

「俺の方はね、『キングダム』についてひとつ報告がある。ほら、この間、セリフに感動したみたいなこと言ってただろ、だからネットで検索してみた。感動したシーンとかセリフを自分で選んでランキングしたり、投票を募ったりしてるサイトがいくつかあった。最近の漫画やアニメではよくあるみたいだけどね『キングダム』にかぎらず」

知っている。『ONE PIECE』、『Fate/stay night』の名言集のサイトに行ったことがある。

「ともかく見ていくと、みんな思い入れのあるキャラがバラバラで、セリフなんかすごくいろんなものが選ばれていたんだよ。こんな感じ」

八田はスマホの画面を見ながら読み上げた。

〈俺の夢はそんなに半端じゃねェって　肩を並べるんじゃねェ！　俺はあんたらをぶち抜いて〝史上最強〟の天下の大将軍になるんだ!!〉

〈苦しいんなら俺の背を見て戦え　俺の背だけを見て追いかけてこい！〉

〈だからあいつは国を一つにまとめるんだ　そして俺はその金剛の剣だ〉

〈戦は〝数〟じゃねェ〝人〟だ〉

〈勇猛と無謀は違う。そこを履き違えると何も残さず早く死ぬ〉

〈俺たちは力も心も等しい　二人は一心同体だ　お前が羽ばたけば、俺もそこにいる

俺を天下に連れて行ってくれ〉
〈人の持つ本質は――光だ〉
〈世に言う『正義』とはその人柄に宿るのではなく勝った者に宿るのだ〉
〈天下の大将軍ですよ〉

「主人公の信のセリフが多くなってしまったのは、こういうのの方がわかりやすいかと思って俺が選んだから。本当はもっといろいろだった。さっき言ったように」

僕が読んだ二十巻あたりまでがほとんどなのだろう、どんな場面のセリフだったか想像がつく。

「なんでそれを選んだかって理由が興味深いんだ。〈上司に言われたい〉〈こんなリーダーがほしい〉なんだって。他には〈『キングダム』に学ぶビジネスに役立つ名言集〉というのもあった」

「上司が出てくるんだから会社員か、選んでんのは。サラリーマンが現実にあてはめてるわけだ。なんか、中国の昔の話やのに、生活感あるな」

「あくまで漫画の中のカッコいいキャラと刺さったセリフ、フィクションだって区別は十分わかってて、半分遊びみたいなものだけど、さらにその上で、『自分がこうなりたい』よりも、『こんな人についていきたい』という夢を見ているんじゃないか」

「自信たっぷりに天下の大将軍って言える堂々とした人物がええなーと思うんか」

「気持ちはわかるよ。俺は学生でいくつかのバイトぐらいしか経験ないけど、マジかこいつ、ってのが何人もいたから、雇う側で。店長みたいな立場でさ。そこまで性質が悪くなかったとしても、自分が責任を負ったりリーダーとして引っ張っていこうなんて意思のある人に会ったおぼえがない。夢を見たくなる」

「なんか、悲しくなってきたわ」

「そうだな」

『三国志』を読む宿題の期限は設けないが、自分が次に見舞いに来た時、なんらかの報告を期待する、と偉そうに言い渡し、八田は帰っていった。

——残された。

見舞いに来てくれた誰かが日常へ戻る足音を聞くたびに思う。

背中がかゆい。それも怪我をした右手側の。

ちょうど左手が届かない場所。

まさかこんなことぐらいで、ナースコールをするわけにはいかない。

明日来る際に孫の手を持ってきてくれないか、と母に電話で伝言を残した。


僕は決して寂しがり屋ではない。

賑やかなのは好きだ。だが、同時に一人の時間が大切だとも思っている。

けれど。

そんなのは自分で選ぶ自由がある場合に限る、と身にしみてわかったのが入院生活だ。

誰かと会う会わないは相手次第。来てくれるのを待ち、去りゆくのを見送る。病院の都合だってある。一日のうちの面会時間は決まっている。

ノリが良い夜を終わらせたくなくて徹夜で騒ぐなんてあり得ない。いまいちだったら適当に口実を作って引き上げるとかもだ。

僕のタイミングは置き去り、なすがまま。

ただベッドから降りたいだけなのに、実行するには看護師さんが来て手伝ってくれるのを待たなければならない。じつにじつにじつに受け身である。

入院して一週間が過ぎた程度の若輩者にしてこうなのだから、長期にわたったり、出たり入ったりを繰り返す患者はどんなふうにメンタルを保っているのか。

思えば、生まれて初めての入院だった。

よく考えれば、病院そのものもあまり来たことがない。大きな病気をしたことはなく、インフルエンザすら未経験、たまにひく風邪なら市販薬をのんで寝ていれば治ったし、学校の医務室より先に進まなければならないほどの怪我すらしていない。

父が亡くなった時は、自宅で倒れ救急運び込まれたが、時すでに遅かったので、入院患者と見舞いに通うその家族、といった様相は生まれなかった。

……今まで知らなかった世界、主にあまり喜ばしくない世の中の事情を毎日見聞きすることになった。社会の縮図を勉強してしまった。

夜中に大きな喚き声が響き渡ったり。

共同の流し場を風呂と間違えて入ろうとする老人がいたり。

僕のいる六人部屋は、現在あまり使われておらず、他にもう一人、中年男性がいるだけだった。だが、彼から聞いた話によると、例えばがん治療を受けている患者たちはもちろん厳しい状況にあるが、我々のいる整形外科もやはり大変なのだそうだ。

日雇いに近い肉体労働をしている人が現場で事故にあって骨折などすると、労災が降りるかどうかで一悶着あり、仮に希望通りことが運んで治療費の心配はなかったとしても、収入が途絶えるから退院後の生活はとても不安になる。

独身の場合、家族がいる場合、それぞれに問題を抱える。

見舞にくる人々は一応に暗く沈んだ疲れた表情をしているという。

患者が高齢者であったなら、さらに様相が変わる。

老人は簡単に骨折するから入院が多い。そして、松葉杖を使って一人で歩けるようになれば退院。だが不便なので外出は億劫だ。日常生活の補助にヘルパーを頼む。食料品など買い物へ行かなくていいから、ますます閉じこもりがちになる。彼らが独身であると引きこもる独居老人がまた一人増えることになる。

なんて話を聞けば、以前なら心にチクっと何かを感じたとしても実感はなく、すぐに別の重要優先事項によってその記憶は隅に押しやられてしまっただろう。

今は違う。

もし僕の各種のケガが期待したように完治しないまま世間に戻ったらどうだろう。ずっと車椅子の生活を余儀なくされたら。

街で見かける車椅子を使う人々のことを思う。

見て見ぬ振りをしたり、あからさまに迷惑がる市民に囲まれて、僕はあんな風に買い物へ行き、満員電車へ入っていけるだろうか。

独居若年者として、会社を辞めて閉じこもってしまうのではないか。

いや、おそらく京都市内に借りているワンルームは引き払い、兵庫の実家に帰るのだろう。母親と一緒に住む。

それで……?

夜中に病室のベッドで想像する。怖くなる。


西北七条総合クリニックには、カフェスペースがある。ほどよく空調の効いた、入院患者が息抜きをしたり、見舞客と共に飲み物片手にひと時の談笑タイムを過ごす憩いの場だ。

大学のちょっとした教室ぐらいの広さがあり、六人がけの机と椅子が四×四と、両側の壁にはズラッと自動販売機が並ぶ。

売られているメニューは、ミネラルウォーター・各種ジュース・日本茶・紅茶・コーヒー（カフェイン入り／抜き／ドリップ式等）にアイスクリームと、バラエティ豊かだ。

机・椅子から少し離れた所には、携帯の通話区画があり、公衆電話が設置されている。緑色の通常のが二台、灰色の国際電話専用が一台だ。

ベッドに寝たきりの状態を脱し、車椅子で移動できるようになってから、僕は自動販売機の全メニュー制覇を目標に掲げ、日々精進するようになった。

カフェスペースは、院内にもう一箇所あるそうだ。僕のいるこちらは、整形外科のほか、内科、泌尿器科などの患者とその関係者が主に使用する。

患者は中高年以上が七割といったところ。自力で歩ける人、松葉杖の人、僕みたいに車椅子を看護師に押してもらっている人、点滴の袋がぶら下がった台車付きの金属の棒を押している人もいる。

みんな同じガウンを着用している。全体がオフホワイト、襟もとにネイビーブルーのラインが入っている。その上にカーディガンを羽織るというバリエーションもある。

ここで、同じ大学の女子と話すようになった。初めて言葉をかわすまでに何度か見かけていた彼女は、私立七条大学文学部で学年が一つ上の、つまり先輩だ。

僕が「信州リンゴの絞りたて生ジュース」を試していたところへ、声をかけてきた。

「ナナダイだよね。去年、河合先生の社会心理の授業とってなかった？」

ベリーショートの金髪、縁なしで丸いレンズの眼鏡。その奥の、クリクリした瞳が印象的だった。

言われてみれば僕の側にも見覚えがある。

ヘアスタイル、ではない。

うちの大学はドレッドにアフロに緑色青色ピンク色など、なんでもありの形と色の頭がそこら中に溢れているので、金色だからって目立つわけじゃない。そうではなく、他に何か変わった印象があったはずだ。

……そうだった。

「ええっと、あの、いつも作業服っていうか、オーバーオールを着てる人ですよね」

「そうそう。あれ、いいよ。便利で。六枚持ってて、全部古着なんやけど」

月曜から土曜まで、毎日一着ずつ。だから六枚だという。日曜日の分はない。

「日曜は一日バイトやからね」

「ああ、なるほど」

答えたものの、意味はよくわからなかった。バイト先の制服を着ているということだろうか。

彼女は、向井カヤ、と名乗った。専攻は国際社会デザイン科。ちなみに、僕は（八田も）社会福祉学科である。

なんでオーバーオールかというと、美術サークルに入っていて、絵を描いたり、何やらとペンキを混ぜたり塗ったり、ドリルカナヅチノコギリチェーンソーを使用する際に……

「え、チェーンソー？」

「ごめん。ちょっと盛った。チェーンソーなんか本物見たこともない」

だそうだが、それらを使ってアートする際に、動きやすく汚れても気にならない、なんならちょっとぐらい破れ目があったり、ペンキの二、三色もついてくれていたほうがハクがつく類の、最適なファッションだから、だそうだ。

彼女の理屈はわかったようでわからないけれど、僕にはっきり言えることは、去年のその授業まで老若男女問わず実物の人間かオーバーオールを着用している姿を見たことがなかった、ということだ。

もちろん、だからといって騒ぎ立てるほどではない。

だってたかがオーバーオールだ。アメリカ映画の女優が身につけるガバッと胸のあいたドレスが「河合先生の社会心理学」の教室にいればもっと衝撃は大きかったろうが、そういう種類のものではない。

逆に向井さんが僕を覚えていたのは、

「いつもめっちゃうるさいグループ」

の一人だったから。

言われて思い当たるフシだらけだった。

僕ら二〇一七年度入学文学部B組は仲がいい。学内で誰と会ってもはしゃいでテンションが上がってしまう。ましてや、同じ講義を取っていれば、毎回肩を並べてワサワサと教室に乗り込んでいく。

「それにしても」

向井さんがため息まじりに言った。

「病院で同じ大学の学生に会うとは思わんかったわ。お互い、つまらん夏休みやね」

まったくである。特に僕の場合、本来、今は夏休みではなく、人生の新たなスタートになっていたはずなのだ。

「ところで、聞いてもええ？　それ、どうしたん」

向井さんがガチガチに固めた僕の左足を指さした。包帯の表面は見舞いにきた友人たちの落書きで埋め尽くされている。

退学の件を含めて包み隠さず負傷の顚末を話すと、

「なるほど。ええと。なんて言うたらえぇかわからんけど、大変やったね」

と慰めの言葉をかけてくれた。

彼女が入院した理由は病気だった、

「盲腸をこじらせた」

のだという。

虫垂炎なら最近は盲腸でも日帰りの処置で済む場合が多いけれど、重症化する例もある。そうなるとしばらく入院して手術しなければならない。

向井さんがつまりその例だ。

激烈な痛みに襲われた夜、彼女は友人宅で酒を飲んでいた。これはてっきり目の前の女が自分を毒殺しようとしているのかと思った。

「嘘。ごめん。しょうもないこと言った」

あまりの痛みにのたうち回って、とうとう友人に救急車を呼んでもらい、この病院へ送り込まれた。

処置してもらったおかげで痛みはあっという間に消えたが、診察によれば合併症を起こしていて、手術が必要だとのことだった。以来、しばらく入院してそのタイミングをはかっている。

後々、わかったこと。彼女は万事がこのような調子の人である。

たいていの人が軽く済むような事でもなぜかひどい事態に陥ってしまう。すり傷が大出血に、打撲が骨折に、単なる忘れ物が警察沙汰に。救急車、パトカーとも乗車経験は一度ではない。彼女のキャッチコピー（なんだそれ）は「人生に迷惑をかけられている疫病神つきのカヤでーす」だそうだ。

彼女は、初対面の相手に対して物怖じしない性格なのか、僕が同じ大学、同じ学部の後輩だという安心感からか、発言にささいな遠慮すら感じられなかった。

僕に退屈な入院生活をどうやり過ごしているかと聞く。

八田が課した宿題のおかげでやることはあるのだと説明する。『キングダム』、『史記』に『三国志』……。

「ふうん。正直言って、私は、あんまり興味ない。漫画は見たことはあるけど。サムライが血みどろでドバーっみたいなやつやろ。合わんと思った。なんといっても上品でオシャレで素敵やん、私？」

やん、と言われても。知らんがな。

「せやから、その探求は君とその友だちにお任せしとく。結果報告があれば、聞いてあげないこともないわ。先輩としてやで。ま、それはそれとして、今聞いてて、関係ないとこでちょっと気になったことがあったんやけど。そういう人らの呼び方ってどうなってるんやろうなって」

「はあ、呼び方ですか。どういうこと」

「英雄、豪傑、ヒーローとか」

「ああ、そういう……。スターとかアイドルとかも含まれますか」

「アイドルは、場合によってスターと同じ意味で使うかも。君はどう使い分けてんの。例えば、秦の始皇帝と漢の劉邦は同じじか。史実と漫画と小説では人物像違うんやから、そうなるとどうしたらいい？　ヒトラーは？　公民権運動のマーティン・ルーサー・キングは？　大谷翔平ならどうなん？」

難しい質問だった。

「始皇帝は、豪傑じゃないです。武将ちゃうから。英雄、かな？　史上初めて中華統一帝国を築いたし。劉邦って、文武両方ダメだけど人望があったから皇帝になったので、ええと。わかりません。ヒトラーはなんやろ。残酷で狂気の……サイコパス？　キング牧師は英雄でヒーロー、アイドルと思ってる人がいそうかな。大谷は、現役やからスター選手でええんちゃうかな」

「区別はどうやってするの。基準があって分けてるわけやろ」

基準か……。なんとなくの思い付きなんだけど……。

窓の外の風景を見ながら考え込んでしまった。

カフェスペースは僕のいる整形外科棟と同じ四階にある。細い通りを一本挟んですぐ向こうに西大路通りが走っており、遠くに見える緑のかたまりは二条城だろうか、御所かもしれない。その間にいくつかの大きな瓦屋根の寺がある。

僕は兵庫の瀬尾内海に面した小さな街で生まれ育ったから、京都の古い寺に親しみはない。小学校時代の行事で何度か見学に来た覚えはある。

中学高校になって遊ぶ場所といえば、神戸か大阪だった。

京都は電車で一時間の距離だから来ようと思えば簡単だが、ハイシーズンでなくとも観光客で溢れているとの先入観があって、よほどの目的がない限り寄りつくことはなかった。

京都の大学に入ってからの二年半、JRや地下鉄など交通機関の乗り方ぐらいはわかったものの、奥深すぎる古都に馴染めているわけもなく、京都人です、なんて顔ができるようになるまで何年かかるんだろう、と思っている。

「まず、英雄豪傑って古い歴史上の人物な気がします。死んでからずいぶん経つような。身内のために命がけで戦うのが英雄、豪傑はひたすら強い武士とか。ヒーローはもっと広い世間の見ず知らずの他人の生命を守る人。英雄豪傑は相手を大量に殺しがちだけどなぜか許される。でも、そんなんはヒーローにとってグレーゾーンちゃうかな。スターは単にファンがたくさんいる人。アイドルってファンはいるんやけど、『僕のアイドル』みたいに言うから、人気の量は関係なくて、一人ひとりのファンの熱心さがこもった表現ていうか」

適当に思いついたまま並べてみた。

「なるほど。なんか日本語の語学学習できそうな気がせえへん？　『羽生結弦はフィギュア界のスターで、私のアイドルです』みたいな教科書の例文になって。そんで、羽生結弦がもし事故かなんかの場に居合せて大勢の命を救助したらヒーローになって、地球侵略にきたエイリアンと危険をかえりみず相手を殺しまくって撃退したら後に英雄と呼ばれるようになる、とか。羽生を大谷翔平に差し替えても問題なし。どう、合ってる？」

「まだ大谷が出てきますか」

「ファンやねん、大谷。めっちゃカッコいいと思わへん？」

「ああ、えっと、すいません。そうですね」

瞬間、悔やんだ。僕は野球のルールを知らない。

参考文献　『キングダム』原泰久／集英社
『三国志』横山光輝／潮漫画文庫
『三国志』吉川英治／講談社文庫

エピソード3　存在／名前

　向井さんと話した日の午後、病室に八田が現れた。

　外はぐんぐんと気温が上がっているに違いない。今日も酷暑だ。病院内にずっといると自分の感覚は失われてしまうが、来客の様子でわかる。

　八田は見るからに、大っぴらに、汗だくだった。前も後ろもべたべたグシャグシャのTシャツ、髪の毛はシャワーを浴びたように濡れている。

　僕のタオルを渡し、汗を拭くように言う。風邪なんかひいてしまったら、あまりに申し訳ない。

　院内の空調は、もちろんガンガンに冷やすという雰囲気ではない。汗まみれの青年にとっては物足りないはずだ。

　彼に、今朝の出会いを報告した。

そこそこ口が悪かったとはいえ、最近にない楽しさを覚えた会話。すると八田は、ふん、と鼻を鳴らして反応した。

「まあ、面白いかもね」

なにやらご不満の様子だ。

「同じ質問されたら、八田はどう答える？」

「俺にとってヒーローって、アメリカなんだよね。アヴェンジャーズだ。スパイダーマン、アイアンマン、ブラックパンサー。X-MENも」

アメコミ映画か。なるほど。文句があったのは向井さんにではなく、僕の回答の方だったらしい。自分ならこう答える、と。

「俺ら、マーベル世代みたいなとこあるだろ。特に俺は大好きだから、ヒーローのイメージってめっちゃ固まってる。まず、筋肉がすごい。パワードスーツを着る場合と素のままの場合があって、どっちにしろ胸筋と上腕二頭筋がパンパンに張ってる。だから強い」

ああいうやつか。頭の中で想像した。

「もう一つの必須条件は、空を飛ぶ、もしくは、飛ぶのに近い能力がある。スパイダーマンは糸を使うよね」

「フラッシュっておらんかった？　空を飛ぶより速く走るんやろ」

「あれはDCコミックス。スーパーマン、バットマン、ワンダーウーマン。集まるとジャスティス・リーグになる」

僕は混乱しているらしい。実際のところ、両者はどこがどれぐらい違うのかよくはわかっていない。

八田に聞いてみると、即答で返ってきた。

「ディズニーランドとＵＳＪほどは違わない」

だそうだ。

「んん？　わかりやすいのか、その例え」

彼は問い直す僕を無視して見解を述べる。

「俺、ちっちゃい頃、スーパーマン知らなかったんだ。バットマン映画は見ても意味わかんなかったし。映像全体が暗いし、敵キャラが怖かった。敵が怖いのは当たり前だけど、狂気じみてるだろ、あの映画では。だから別の意味の恐怖というか。大学になってネットで見直したら、これすげえってなったけど。だから、マーベル派だった。わかりやすいカッコよさがあったと思う。一番はウルヴァリン」

「そういうヒーローが全員、胸筋腹筋上腕二頭筋バーンなわけか」

「うん。一人残らず。悩みながらも、最後に自分のメンタルと暴れまくる悪役に打ち勝って社会に平和を取り戻す。それがヒーロー」

「悩むのも条件？」

「重要だな。あらゆることで苦しむのがヒーローの職業病みたいなものだから。なにしろ心優しい部分がないと、ただ敵をやっつけるだけの奴になっちゃう」

となると、しかし……。

「飛信隊の信も悩んだりするやん。『キングダム』の。あれはヒーローに入る？　めっちゃ強いし。筋肉バーンじゃないからダメなんか」

「入らないね。ヒーローは悪い奴と戦うんだよ。ところが、『史記』では始皇帝が政治的な理由で一方的に怪しげな奴として書かれてたみたいに、歴史は善悪を決めにくい。『キングダム』は秦側の視点だから俺らは始皇帝の政に共感するけど、よく考えると、政が中華を統一したいって望みを持っていたからって、敵国の兵士が、片っ端から殺していいほど悪い奴ってわけじゃない。お互いさまというか」

八田は自分の中で、がっつりヒーロー像を固めているらしい。

「大活躍した歴史上の人物がヒーローやないとすると、英雄豪傑か？」

「わからない。ただ英雄はリーダーのことだろうって気はする。歴史に名を残すような何かを成し遂げた人物かな。豪傑の方は、将軍でも兵士でも戦争に参加して自軍のために功績をあげた、つまり敵国の兵隊をたくさん殺した軍人とか。豪傑と呼ばれるために戦争の勝敗は関係ないし、後の評価で所属した国が正義とされたか、悪の側に分類されたかもどうでもいい。間違ってるかな」

どうだろう。わからない。ややこしくなってきた。

こいつが帰った後、もう少し一人で考えてみよう。どうせ暇だ。

「ところで」

八田先生への宿題提出の時間だった。

まずは言い訳。

「まだ漫画も小説も全部は読んでない。めっちゃ長いやん、どっちも。一応、少しだけ、比較をやってみた」

「そうなのか。すごいね。だけど、ちょっと待って。話を聞く前にまず知りたいんだけど、『三国志』を面白いと思ったか？　無理に押し付けたみたいで気になってたからさ」

「おもろいよ。読んでるとめっちゃ続きが気になる。それでな、聞いてくれ。比べた話。そもそも同じ話同士をどうやって比較したらええかわからんから、とりあえず一番最初のとこ、並べてみた。一箇所だとつまらんから、あと、もっと後のとこも」

ベッドサイドの台に置いてあった文庫版漫画『三国志』九巻を指差す。

「この本の帯にな、『関羽には忠義の心しかなかった。「曹操に降伏するのではない漢朝に降伏いたす」』て書いてあったのが気になってな。ネットで調べたら『関羽の千里行』というこのエピソードは『三国志』の中でも人気のある箇所らしかったから、ここやろ、と思って、字の本とどう違うか見てみた」

「諸葛孔明が登場する以前の名場面なんだろ」

「なんや、八田は知ってたのか。で、まず最初のほうやけど」

漫画と小説の第一巻を両方手にとって、冒頭のページを開いてみせた。

「若い劉備が船を待っているシーンが最初なのは同じ、セリフ会話もほぼ一緒。ただ、年代が違ってるのがわかった。小説が建寧元年、漫画は中平元年になってる。どういうことやって気になったからネットで調べたら、元になった『三国志演義』とは、そもそも最初の場面が全然違ってた。まず漢王朝末期の混乱した状況を説明するいう前置きがあって、その後もなんやかんやあって、劉備が初登場してくるのは、黄巾の乱を平定する兵士募集の立て看板を見かけるってとこ。小説と漫画やとしばらく後の方で描かれる場面やった」

「そうなんだ。知らなかったな。漫画は小説をベースにしてるって聞いてたから、おなじかと思った。それ、西暦の何年ぐらいなんだろう」

確認済みである。スマホにメモしておいた。

「建寧元年が一六八年、中平元年は一八四年」

「十六年も違う。で、『演義』の劉備登場はどっちだった」

「中平元年。漫画と同じ。つまり、『三国志演義』という物語に主人公として劉備が登場するという点だけなら、漫画の方で年代は合ってる。ところが、やで。『演義』で最初、劉備は二十八歳、小説と漫画で二十二、三歳って設定になってる」

どうだ、面白い発見だろう、と僕は夢中になって話した。

「計算が合わないな。小説漫画どちらにしても」

「せやねん。とはいえ、俺は考えてん。三つ全部、創作には違いない。『三国志演義』にしても、漢の時代から千年ぐらい経って完成したエンターテインメントやし。ある日、立て札を見る青年がおりました、後に英雄と呼ばれる劉備の若き姿だったのです、とか書いてあるけど、そんなんおかしいやん、見てきたわけでもないのに。まあ、嘘って言うとあれやから、伝説みたいなやつ」

「クリエイティブワーク?」

八田がなにやらにやついて言う。

「そうそう、そんなような。つまり、何が言いたいかというと、十年ぐらいたいした違いやないやろ、と。結局のところ、俺みたいな読者にとって一番大きいのは面白く読めるかどうか。で、どうなんや。やっぱり面白い。漫画版の立て札のシーンなんか、そこまでたどり着くのにすごい長いストーリーがある。当時の世の中は荒れ放題になってて、劉備自身もさんざんひどい目にあって、戦いあり恋愛あり、その中で辛い暮らしから抜け出せなくとも正しい心を持ってるのが、実は漢王朝の血を継ぐこの男なんです、って言われたらもう応援せずにいられれん」

小説・漫画の冒頭部に書かれた劉備のくだりは、『三国志演義』に存在しない。日本人向けにアレンジされたのかもしれない。だとしたら大成功だ。僕がなによりの証拠である。

「なるほどね。もう一つの名シーンも比べたんだろ、何か発見はあったか」

「そっちは、あんまり違いなかったな。ピンチになった劉備の仲間の関羽は、曹操が惚れ込んでいて、家来にならないかと誘う。けど、関羽は忠義の人やから、裏切りなんかとんでもない。でも、劉備の妻子が人質になってるという事情があって、最後には条件付きならいうことで同意する。とはいえ意地があるから、実質は曹操に従うことになるのに、帯にあった『曹操に降伏するのではない　漢に降伏いたす』と、宣言する。ネット情報によると、日本でも人気ある名場面やけど、中国での方が支持されているらしい」

「ふうん。知らなかった」

「言われた曹操の反応は、『演義』に書いてあるのは、自分が漢そのものだから構わないだけだったけど、小説と漫画はひとことが加わってる。そんな忠義が余計気に入った、みたいなやつ。俺はこのセリフが効いてると思う。曹操と関羽、両方かっこええやんてなったからな」

「よく調べたよな。俺だったら、そこまでしないかもしれない」

八田が感心してくれた。

「お前がやれ、言うたんや。暇つぶしになってありがたかったけど。もっとも、俺が病院のベッドでちょこちょこ調べてわかるくらいやから、知ってる人はみんな知ってると思うけど」

ベタベタだった八田のシャツがほぼ乾くまで、その後、一時間ほど中身のない、くだらなく楽しい会話をした。

帰り際に八田が宣言していった。

「アメコミのヒーローのこと、俺の宿題にしていいか？　好きな映画は何回か観たのもあるけど、どんな背景があるとか全くわかってなかった。ポスター貼ってフィギュアとかグッズ持ってて、あと出演した俳優とか監督の別の映画を追っかけたぐらいしか」

聞いたことあるようなセリフだ。「そこのところは宿題にさせて下さい！」とか。なにやら専門家っぽい気がする。

「アメコミを調べるていうと、ヒーローが生まれたり人気の出た理由とかか」

「まだよくわからないんだ。でもさ、紙も印刷も発明されてない二千年前に書かれた中国の歴史の本がどうとか言ってる割に、二十一世紀のしかも情報大国のアメリカの大ヒット映画についてほとんど知らないって変だと思えてきた」


僕は伝言板か？　という気になった。

八田、向井さんそれぞれに、僕と彼らの会話を仲介した経緯の後に、担当医の矢澤先生にまで成り行きを説明することになってしまったからだ。

先生は、回診にやってきて、積み上がった『三国志』を笑顔で眺めると、僕の調査報告を聞きたがった。

八田との会話、向井さんの意見。横山、吉川それぞれの『三国志』と『三国志演義』。英雄とヒーロー。始皇帝にスパイダーマン。

嬉しそうに聞いていたので、僕は先生自身の意見も聞いてみたくなった。

「歴史小説の読み比べは私も若い頃に体験があるな。大学生時代、新撰組にハマってね。関連書を結構読んだよ。一九八〇年代終盤のまだスマホどころかインターネットの存在自体をほとんどの人が知らない時代だったから、情報は目と足で探すしかなくてね。図書館に行ったし、古本屋をまわって、何冊も本を買って。一時期は新撰組本が当時住んでたアパートの部屋に溢れてたな」

「そんなにたくさん出版されてたんですか、新撰組の本」

「山のようにある。新撰組って何年か一度、ブームになるんだよ。すると各出版社から本が出るだろ。新刊は店頭からなくなっても古本は出た分だけ蓄積されていくから集めたい人間にとっては宝の山だよね。古いもの、最近になって書かれたもの、小説、史実を調べた本、京都の新撰組が活躍した場所を訪れるとか、種類もいろいろだった。新撰組が主役じゃなくても幕末に題材をとるとよく登場してくるから、そういうのも合わせると、とてもじゃないけど集めきれない。でもまあ、一番有名な小説は司馬遼太郎だろうね」

「何を調べてはったんですか」

「何をじゃないんだね。誰、というか。僕は新撰組のなかでも副長の土方歳三が大好きで、いろんな本にどう書かれているか追っていたんだよ。さっきの司馬遼太郎の『燃えよ剣』の主役級で描かれていた。オタクだね。まだそういう呼び方は世の中にはなかったかもしれないけど。何年何月何日にどんな事件が起こったか、事細かく覚えていた」

「じゃあ聞いていいですか。土方歳三は、先生にとってなんですか。英雄？　ヒーロー？オタクっていうくらいだからアイドルとか？」

矢澤先生が苦笑いする。

「全部じゃだめかな。ヒーローでアイドル。英雄でもいいと思ってる。納得しない人は多いかもしれないけど。後の歴史を作った明治維新の側からすれば、江戸幕府の手先の単なる乱暴な治安部隊だから」

そうだった。

熱心なファンって自嘲的だ。阪神ファンとか。僕からみたら、そこまで成績悪いわけじゃないのに、なぜか「卑下」したがる。

「そうですか。でも新撰組って、漫画だと結構かっこいい姿で登場するから悪い印象ないです。沖田総司っていますよね、高校の時、同じクラスに好きな女の子がいたし。イラスト描いたクリアファイル持ってたな。だけど、新撰組が何をしたって聞かれたら僕は答えられない。受験は日本史選択だったのに」

「実は、それって僕にも難しい。尊王攘夷派を捕まえたり殺したりしかしてなくて、後世に残る業績は何もないから」

「他に、先生の体験で、ヒーローとかについて言えることはありますか」

「うん、ある。世代的に君らとはずいぶん違うから主張したいね。だからって、同年代の人間がみんな同じ意見かどうかは知らないよ。あくまでも私の個人的な思い」

それから十分ほどかけて、先生は思い入れたっぷりに語ってくれた。

矢澤医師インタビュー版『私のヒーローアカデミア』（?）だった。

〈日本で男の子のヒーローといえば、戦後のテレビ番組「月光仮面」「鉄腕アトム」「鉄人28号」などが最初にあったことは知識としては持ってても、私よりずいぶん上の世代のことで、よくわからない。

私が生まれたのは最初の仮面ライダーが登場した頃。ウルトラマンなら初代からウルトラセブンには間に合わず、同時代的に見ていたのが四代目ウルトラマンの「ウルトラマンA」だった。わかるかな、男女ペアが一人のウルトラマンに変身したんだけど。

ともかく、当時は次から次へと新しい正義のスーパーヒーローが現れた時代だった。実写ものにアニメ、巨大ロボットとかね。

私を含めて同じ年頃の男の子は全員、巨大化したり人間の大きさのままだったりする、マスクをかぶった正義の味方たちに夢中だった。夕ご飯を大急ぎでかきこんで、テレビにかじりついたものだよ。まだビデオデッキがないから録画してあとで観るわけにいかなかったんだ。あ、君らはビデオデッキを知らないか。

もちろん人気があったのは、そういう類のキャラクターだけじゃないよ。プロ野球やプロレスのスター選手がいた。ちなみに私はなぜか中日ドラゴンズが好きだった。東京出身だけどね。あと、ロックのスターも。尾崎豊とボウイ世代。大学の頃は、ニルバーナを繰り返し聞いていたな。

とはいえ、そっち方面は別として、ヒーロー系のジャンルに絞ろうか。

そうこうするうちにアニメブームが起こって『宇宙戦艦ヤマト』、『銀河鉄道９９９』を経て小学校高学年で『機動戦士ガンダム』へと至る、黄金時代がきた。

劇場用映画の動員数なんてものすごかった記憶がある。私も、どれだったか忘れたが、満員の劇場に行って椅子に座ることができず、立ち見で見た記憶がある。ただ、その先、アニメはあまり見続けなかったな。漫画なら『少年ジャンプ』『少年サンデー』『少年マガジン』の他に青年誌も読んでいたんだけど。

ヒーロー系で僕にとって革命的だったのは、『ドラゴンボール』。

あれの何が変わっていたかといえば、主人公はじめ正義の味方側が修行ばかりしていることだった。

強大な敵にまず負ける。修行してある程度強くなり目前の敵をやっつけたかと思うと、より強い相手が現れて負け、また修行して克服したら、さらにより強い相手が現れる。つまり悟空たちは十分に強いヒーローだけど、最強じゃない期間が長いってことなんだ。

常に成長していく物語とも言えるわけで、そうなると、どんな風に強くなっていくかが、漫画を読む上で僕の興味の中心になるよね。

その手の展開って、もとはスポーツ選手が主役のアニメや漫画の専売特許じゃなかったかと思うんだ。

代表的なのは、僕の時代より古いけど『巨人の星』とか。主人公星飛雄馬が魔球を開発するためにすごく辛い訓練をして、ライバル選手に勝利する。相手は相手で魔球攻略法を開発して、最後にはホームランにしてしまう。すると、星飛雄馬が新たな魔球のための訓練をする。いや、スポーツだから訓練ではなく練習と呼ぶべきかもしれないな。

『ドラゴンボール』以前の僕の認識だと、ヒーローたるもの、強大な敵に時おり退けられることがあるにせよ、再戦すればなぜか勝ってしまわなければならなかった。本気出せばいけた。論理的ではないよ。でも、とにかくヒーローは一番強い。

同じ頃に流行った『北斗の拳』は、だからオーソドックスなヒーロー像だった。絶対的な敵ラオウになかなか勝てなかったりしたけど、孫悟空がしたような修行のシーンはなかったんじゃないかな。どこかでひっそりやってた可能性は匂わせていたのだろうか、私の記憶にないが。

それはそれとして、私にとって『ドラゴンボール』とイメージがかぶっていたのは、ジャッキー・チェンの香港製クンフー映画だった。

田代くんは、ジャッキー・チェンという俳優を知ってるかい。中国へ返還される前、イギリス領だった頃の香港で活躍したアクション俳優。うちの娘に聞いたら、「名前と顔はわかるけど、映画を見たことがない」って言うんだが。

ジャッキーはその後ハリウッド映画に進出してヒット作を出したり、俳優・監督として最近でも映画作りを続けているけれど、誰もが認める黄金期はやっぱり香港時代だろうと思うんだ。

クンフー映画をアクション・エンターテインメントとして世界中に広めた功労者はブルース・リーとジャッキーの二人の香港スターだった。『北斗の拳』のケンシロウは、ジャッキー以前に世界中の男子の心を揺さぶったブルース・リーに近い。『北斗の拳』って、クールで最強のブルース・リーがアメリカ映画『マッドマックス』の世界に入り込んだような印象があったな。ただ、僕にとっては、なんだろう、ブルース・リーはお兄さんたちのスターってイメージがあった。いつの頃からか、自分はジャッキー世代だと考えているんだよ。

ともあれ、この二人が牽引して、香港以外にもクンフー・アクションは広がった。最近では、映画・海外ドラマのFBI捜査官役の白人女性俳優が回し蹴りなんかするほどに浸透してるだろ。例えると、NBAのマイケル・ジョーダンとレブロン・ジェームズみたいな関係だろうか。

あ、わかりにくいかい。申し訳ない。私は若い頃、アメリカに留学していた関係でバスケとアメフトのファンだもんだから。

すると誰だろう。サッカーに詳しくないんで、偉大な選手というと、ペレ、ベッケンバウアー、マラドーナぐらいしかわからないけども。あと、メッシとクリスチアーノ・ロナウドぐらいは知ってるな。しかし、サッカーは数が多すぎる。日本のプロ野球で考えても、とてもじゃないけど二人に絞るのは無理だな。

では思い切って、エルビス・プレスリーとビートルズの関係ならどうだい。

ますますわからない？　ま、いいか。ジャッキーの話だ。

八〇年代を通じて、日本の若い男女の間で、ジャッキー・チェン映画は人気があったんだ。高校生大学生がデートする時、「ちょうどいい」タイトルとして見に行ったんだよ。

悪い夢を見そうなグロテスクすぎる映像もないし、大胆なセックスシーンでいたたまれなくなったりもしないから。

彼の映画の設定は大まかに二種類あった。

時代劇と、現代か現代に近い中国や香港を舞台にした物語。

僕らを虜にしたのは、時代劇の方だ。

内容はどれも似たり寄ったりのワンパターンだった。若きクンフー使いが悪い奴をやっつける勧善懲悪ものだね。

映画の序盤で、主役のジャッキーはあまり賢くなく強くない。世間から小馬鹿にされつつ挫けず生きている。そんなある日、身内か誰かが酷い目にあわされ、復讐のため一念発起したジャッキーは修業して伝説のクンフー技を身につけ、誰も敵わなかった悪役を映画のラストで叩きのめす。

見所は、ジャッキーが覚えるクンフー技と、そのための修行シーン。どちらもエンタメ的アイディア満載だった。

特に、修行はメチャクチャで、どう考えてもできるわけないんだよ、あんなの。ところがジャッキーは最後にこなしてしまう。彼の超人ぶりに男の子は驚愕し、興奮した。腕立て伏せ、腹筋、バランス訓練、どれひとつとってもとんでもなかった。そもそも、修行する前からジャッキーは筋肉隆々で強そうではあったけど。

『蛇拳』『酔拳』『笑拳』が私たちにとっての三大名作で、他にも似たような映画を何本か見たよ。

ここからが私だけの見解なんだが、ジャッキーが強い時間は短いんだよ。必殺秘伝の拳法を習得して敵をこらしめる最終盤のシーンだけ。当たり前なんだが、映画を見るたびに、弱いやつに戻っている。なぜかといえば、たくさん彼の映画を見たけど、役名は一つも覚えてなくて、全員ジャッキーだから。認識上は。

それで、『ドラゴンボール』のストーリー展開が理解できてきた時、ジャッキーのクンフー映画と同じと思ったわけだ。

ジャッキー・チェンと孫悟空。同じ螺旋階段を行き来しているな、とね。

彼らを指して「ヒーロー」に分類はしづらいな。確かにアメコミの主人公こそ、「ヒーロー」と呼ぶにふさわしいという気分はわかる。

アメリカ産の正義漢の活躍を知ったのはテレビ版「スーパーマン」が最初だった。

毎回「弾よりも速く、力は機関車よりも強く、高いビルディングもひとっ跳び」という有名なセリフで番組が始まるんだが、君は知らないよね。

オリジナルのドラマはアメリカで一九五〇年代に制作、日本でも間もなく吹き替え版が作られ驚異的な視聴率を叩き出した。

じつは、ちらっと調べたことがあってね。

私が見た時期ははっきりしないが、小学生だったことは確かなので七〇年代後半のはず。なぜか週末の早朝にやっていた再放送だった。

いかにも五十年代のアメリカって様子の服装や街のセット。男も女も帽子をかぶっていたのを覚えている。自動車がクラシックカーなのも印象的だったな。

当時の自分がそれらをどう思ったかはおぼえていない。ひょっとすると、古い時代の設定だと考えていたのか。例えば『大草原の小さな家』みたいな、ね。

まあ、ストーリーは単純だったね。事件が起こると、新聞記者のクラーク・ケントが公衆電話ボックスに駆け込んで、メガネを外し、スーツを脱ぎ、マントを翻して悪人退治にぶっ飛んでいく。

スーパーマンは親しみやすかった。生活感があって。

ウルトラマンなら、理由も言わず地球へやってきて暴れる宇宙怪獣がいつもは地球防衛軍のフリをした、実は銀色と赤の無表情な宇宙人と戦うし、仮面ライダーだと、日本征服を狙う悪の結社に抵抗するやっぱり顔が隠れた人造人間だ。どちらも、まあ異世界の設定だろうね。

その点、スーパーマンは一介のサラリーマンだし、青い全身タイツに赤いブルマとマントという変わった服装ではあったけど、顔が丸出し、整髪料をたっぷりつけてベタベタにセットしてるだけだよ。しかも、やっつける悪者は人間の犯罪者が大半だった。

さっき、調べたと言ったよね。

じつは、以前ある人から、子どもの頃にカラー版の「スーパーマン」をテレビで見たと言ったら否定されたんだ。アメリカ制作の元版は、モノクロでスタートして、途中からカラーに切り替わった。ところが、日本は当時、テレビのカラー放送が技術的にできなかったのでモノクロしか放送されなかったと。

自信はないんだけどね。カラーだったという。日本の正義の味方より圧倒的に派手な彼が空を飛ぶ姿を見た覚えはあるけれど、記憶は捏造されるからな。後で見た写真か何かに私のイメージが塗り替えられたかもしれない。

他の正義のヒーローもそうかもしれない。

大人になって見直してみれば、記憶していたよりカッコよくなかったとか、衣装がいい加減だったとか思ってしまう。強くなかったとかね。

スーパーマンがウルトラマンや仮面ライダーと違うのは、見かけのテイストだけじゃない。必殺技が派手じゃなかった。

日本製正義の味方は、悪役と戦うと、毎回、最後にドカンと必殺技を出してやっつけることでスカッとカタストロフィーを与えていた。水戸黄門の印籠ってわかるかい？　あれと同じ。

スーパーマンのは普段使いの超能力って印象があったよ。多くのトラブルは剛力と飛行能力と銃弾を跳ね返す体で解決する。目には透視能力があって、熱線を発射できる、など一見便利な、超能力だった。ライダーキックやスペシウム光線は、怪人怪獣をやっつける以外に使い道がないのと対照的だと思わないか。

私が好きだったスーパーマンの大技は、地球の周りをとんでもないスピードで飛ぶと、自転が反対回りになって、時間が逆行してしまうというもの。あまり頻繁にはやってくれないのが残念だったね。

「ヒーロー」って呼び方なんだけど。

アメコミを元にした正義の味方にこそふさわしい、それは確かだが、だとしても、とても違和感がある。私は実際、和製だろうと外国製だろうと、口に出して言ったことがないんだ。他のひとたちはあるんだろうか。

文字の上だけなんだよ。

ある時期、私の脳内で地殻変動が起こった。

映画の「ロッキー」はわかるかい？　うだつの上がらないベテランボクサーがアメリカン・ドリームを摑んでいく話。主演のシルベスター・スタローンが遅咲きの大スターになっていって、そっちもアメリカン・ドリームだっていうサイドストーリーがあった。

私が青少年でいた間に、シリーズが五作まで作られた。

いつからかわからないが、映画の広告なんかにロッキーのことを「ヒーロー」と表現しているな、と気づいた。いや、最初からそうだったのかもしれない。

スタローンとウルトラマンが同じ「ヒーロー」の枠に入るっておかしくないか。

だから、私の中で、変身するしないにかかわらず、悪者をやっつける正義の味方たちは「スーパーヒーロー」になっていった気がする。

それって便利な発明じゃないだろうか。

土方歳三を遠慮なく「ヒーロー」に分類できるんだ。

アメリカで同時多発テロが起きた時、力をあわせ、テロリストの目論見を阻止した飛行機の乗客たちについて報道されたんだ。

彼らも「ヒーロー」と呼ばれた。

言葉の定義って、徐々に出来てくるんじゃないか。最初は個々人で意味がバラバラだったのに、社会の広い範囲に浸透していって、みんなが同じ内容として理解し、通用するようになっていく〉

参考文献　『三国志演義』井波律子訳／講談社学術文庫

午後遅く、八田が顔を出した。

奴が来ない間、母は毎日、それから学校の友人、会社の同僚が何人か見舞いに来ていた。

僕は、松葉杖を使って歩く練習をした。

右手の指のヒビが完全に治ったわけではないものの、病院のリハビリスタッフが、どのように体重をかけ移動するか指導をしてくれて、久しぶりに自分の足で歩く感覚を味わった。

漫画『三国志』はとっくに読み終わり、その後は小説版『三国志』と並行して、矢澤先生が置いていった新撰組関連に移っていた。司馬遼太郎の小説『燃えよ剣』を読みながら、時おり、京都の新撰組ゆかりの場所を訪ねるガイドブックを開いて確認する。

出歩けるようになったら、その場所を訪ねてみようと思った。

矢澤先生がしてくれた話を早く八田に聞かせたかった。

ただのオヤジの昔語りではないと思えるこれを「伝言」したい。

「『ドラゴンボール』『ONE PIECE』なら俺だって読んでるし、『北斗の拳』は小学生の頃、夕方にやってた再放送で見たから、言ってる内容についていけるんだけど、なんとなく、矢澤先生の意見に違和感がある」

八田が発した感想だ。

濡れたシャツをカーテンの影に隠れたりせずスパッと脱ぎ汗を拭いて、上半身裸のままペットボトルの水を一本ごくごくと、五〇〇ミリリットル飲み干す「健康」を、病院という場所で披露してしまった後で。

我が友ながら、最近の若い奴は遠慮がないわい、と舌打ちしたくなる。持参した新たなシャツに着替え、さっぱりした顔をした。

ともあれ、矢澤先生のヒーロー談義を二人で検証する。

すごく古い「ウルトラマン」「仮面ライダー」となると、二人ともわからない。『巨人の星』は名前だけ聞いたことがある。必殺プレーの特訓なら『黒子のバスケ』『ハイキュー!!』でも似たようなものだろう、伝統芸かな……。

矢澤先生は『ドラゴンボール』を途中で卒業したので、孫悟空が超サイヤ人になれたのは知っていても続編のアニメで超サイヤ人ゴッド超サイヤ人になれたこととと、その経緯への認識はないんじゃないか。

「『三国志』に例えたら、劉備が曹操と戦って諸葛孔明が活躍して蜀の王になったのまでは知ってるけど、劉備の死後、諸葛孔明が頑張って蜀をなんとかもたせようとするのは知らんみたいなことじゃないのかな。そんなら超サイヤ人ゴッド超サイヤ人の孫悟空を見ている僕らのほうが偉くないか？」

なぜか僕は興奮していた。落ち着かせようと思ったのか、

「と、言いながら、『ドラゴンボール』シリーズを続けて追っかけてるのか、お前は」

八田が水を差す。

……でもない。

『ドラゴンボール』シリーズは裾野が広い。本編漫画・アニメの時代に劇場版があり、テレビオリジナルストーリーとか、作者が代わった続編漫画があって、それがテレビと関連して、みたいな。僕のような飽きっぽい人間にはとてもコンプリートなんかできない。

「別に言い訳しろってわけじゃないんだよ。興味の範囲は人それぞれ自由だからさ。劉備

とか関羽のファンなら、二人が死んで、曹操もいない諸葛孔明が主役になる時代に興味なくたって、別に責められるようなことじゃない。『ドラゴンボール』だって、正編まで、とか、天下一武闘会の頃が好きすぎて変な最強宇宙人が出てくるのは面白くないからやめた、っていうんでも構わないだろ。単純に、自分が大人になってきたからどうでもよくなって、でもいい」

「だけど、自分はこういうとこが面白いと思う、お前の読み方はちゃうやろ、って言い合うのはいいんじゃないか」

「まあね、それは別の楽しみの問題だな」

他に、先生の言い分によれば、9・11テロ以降、「ヒーロー」の指し示す内容に変化を感じたとのことだった。

当時、僕らは三歳。何も覚えていない。

ニューヨークの貿易センタービルにジェット旅客機が突っ込み、崩折れていく動画を見た記憶は、ずいぶん後のものだ。

歴史上の出来事に近いけれど、ただ、生まれてはいた。同時多発テロのニュースじゃなくても、当時の僕らの脳みそに何かが刻まれているかもしれない。

「そんなわけで、小学校に入る前の年代、ヒーロー、の両方でクロス検索してみた。ちっちゃい頃、戦隊ヒーローって流行らへんかった？　俺、キャラのついた弁当箱を使ってた覚えがある。で、ネットで見たら、『ガオレンジャー』やってる頃にちょうど9・11が起こったらしい」

「ガオレンジャーならわかる。それで？」

「いや、別に、それだけ」

「アメリカの事件だし、こっちの子ども向け正義の味方にすぐに影響は出なかったんじゃないかと思うけど。ていうか、3・11の地震の時は？」

「調べた。『海賊船隊ゴーカイジャー』」

「知らない。当たり前か。二〇一〇年に戦隊ヒーローは卒業してたから。逆に地震のことはよく覚えてるけど」

八田は福岡で生まれ育ち、僕は兵庫。中学生だった。

あの日、地震の揺れは感じなかった。でもテレビ画面に繰り返し流された映像は鮮烈だった。

波にのまれる家々。水がひいた後、更地になってしまった住宅街。全てが茶色く塗りつぶされた日常。瓦礫の山。爆発した原発。生きのびた行方不明者を捜索していた人々が、時間の経過とともに遺体を探す役割にシフトしていった。

「スーパーヒーロー、いなかったな」

八田が呟く。

矢澤先生の言う通りだ。アメリカの大規模テロ事件を持ち出すまでもなく、僕らは理解していた。そして、先生は地震の話題に触れなかった。つい最近起こった日本のひどい記憶。神も仏も夢も希望もスーパーヒーローもない。

「そうやな」

僕はうなずいた。

二人で一瞬、黙りこむ。空調の音、窓ガラスで小さく弱々しくなったセミの合唱。そんなものが急に大きく聞こえてきた。

あれは防げたのだろうか。または、未来に同じような災害が起こった時、防げるのだろうか。かもしれない。頑張れば。ただ、どんな対策であろうと、無表情なマスクをかぶったマッチョマンの出番がないのは確かだ。

「あのさ。ところで」

八田が沈黙を破った。

「いいんだけど、お前、矢澤先生と無理やり共通の話題を探してないか。実際、俺らとその人だと、九十九パーセントぐらい興味の対象が違うだろ。チェックする芸能人、アーティスト、SNSで気になる情報とか。使ってるSNSだって違うかもしれない。ヒーローの定義が二〇〇〇年ごろに変わったとか言われても、俺らは以前を知らないんだから、比較できるわけがない」

「あのな、人はそれをジェネレーションギャップと呼ぶんやで」

「最後まで聞け。すごく大きなギャップがあるからこそ、たまたま同じ漫画を読んでたぐらいで『僕ら、話があうよねー』みたいになるのは安易じゃないかってことなんだ。お互いの見えているものが全く違うんだから、会話していても本当は通じていないんじゃないかって俺は思う。不公平だよ、俺らが読んだり見たりして育ってきた漫画・アニメは、大人との会話のネタにはできない。『東京喰種』とかヴァンガードとか、西尾維新の名前も知らないんじゃないか?」

「ええ? そうかもしれんけど、別にええやん。難しく考えすぎやろ」

「うん、だからいいんだって言ってる。本当のところ、俺らが喜んでる世の中のいろんなものだって、作ってるのは上の方の世代の人かもしれないから、ジェネレーションギャップを追及してもキリがないかもしれないんだよな」

こいつの主張はわかったが、それこそどうしようもない。僕たちが今の小学生の話題についていけないのと同じだ。

「ところで、ちょっと聞いてほしい」

言いながら、八田が鞄から数冊の本を取り出した。

「この間、アメコミヒーローの話をしただろ。でも、俺、マーベルとかについてちゃんとは知らなかった。だから宿題にした。覚えてるか？　あれから関連の本読んだり、動画を見たりしてみたんだよ。その結果報告」

手に持った本の背表紙には、『アメコミ映画40年史』『アメコミヒーローの倫理学』『マーベル映画究極批評』などと書いてあるのが見える。

「俺ら世代がマーベル映画とかぶってるって言ったのは、嘘じゃないけど、確信はなかった。ようするに適当だった。でも調べたらめっちゃ合ってた」

八田の研究によれば、映画「アベンジャーズ」などを作ってマーベルがヒット作を出していくのと合わせるようにちょうど俺らもだんだん成長した、だけではない、という。

「まず、アメコミの実写映画って、ＤＣコミックスが巨大映画会社に版権を売って作ってた歴史が長かったし、現在もある程度そうなんだ。すごいのになると、百億円単位の製作費がかかる。観客は特撮やＣＧでとんでもない画像を見せられて驚くのを期待してるから、カネをかけるのは理屈にあってる。もちろん話が面白くなくちゃいけないけど、それよりも前に、派手で驚かせてくれるってわかってないと、入場料払ってくれない。ショボいのは嫌なんだよ、みんな。だけど、そういう巨額の制作費を集めるのは、中小の映画会社では難しい」

ビッグなエンターテインメントに、ビッグなマネー。高リスク・ハイリターンってやつだろうか。

「ところが、マーベルスタジオは大手の傘下ではなく、漫画の出版社が自分たちで始めた独立系なんだ。最初の『アイアンマン』はそれほど費用はかけられなかった。結局、後で資本関係はちょっと変化するけど、今でも昔からのアメコミ映画化とは違うやり方をとっている」

「ふうん。で、『アイアンマン』作ったのが何年？」

「二〇〇八年。俺ら十歳」

「ええと、なんとなく記憶あるかもな」

「独立系としてのマーベル映画のスタートはその年なんだけど、以前にもちょっとした歴史がある。まず、大手が漫画出版社のマーベル社から権利を買って映画化した作品はいくつかあった。成功とは言い難かったけど。ところが、俺らのちょうど生まれた年に、DCコミックスも含めて毛色の違うマーベル漫画が実写映画化され、全世界でヒットした。『ブレイド』っていうんだけど、見たことある？」

「ないな。知らん」

「俺は、昨日、『ブレイド』を初めて見た。パート3まであって、続編がテレビシリーズで作られている。ウェズリー・スナイプス、つまり黒人俳優が主人公を演じる、ダークな雰囲気のヴァンパイア退治映画。以前にはなかった要素が子どもというより若者世代に支持されたんだそうだ。制作は大手だったので、中身にマーベル社は一切口出しできなかったらしい。でも、後に自分たちで映画を作り始める先駆けにはなった。産声をあげたというか、兆しになったのかな。俺らの生まれた年に。世代がかぶってるってそういう意味」

偶然を強引に結びつけている気がしないでもないが、一九九八年は何かが変わり始めるきっかけの年だった、と思うと気分がいい。

「アメコミの漫画も日本と同じように、原作者と作画担当の漫画家が別とか、漫画家が単独で描いたりとか、いくつかの形態がある。俺らが今、関心を持っているヒーローが主人公になって活躍する漫画、矢澤先生みたいに呼ぶならスーパーヒーロー作品、は今までに数多く生み出されたけど、めっちゃ読者がつくようなヒットキャラは時代に合わせて変化してきた。同じスタッフが作り続けるんじゃなく、入れ替え制なんだ。日本でもないではない形態かもしれないけど、あんまりないんじゃないか」

「どういうこと？　絵を書く人が変わるの？」

「だけじゃなくて、関わる全員が変わっていく。『スーパーマン』『バットマン』『スパイダーマン』クラスのめっちゃ有名キャラになるとストーリーも絵柄もバリエーションがたくさんある。誕生したのが第二次大戦前の一九三〇年代とかだからね。そりゃあ同じ感じで続くわけないけど、俺らにすれば、そもそもキャラを使い回すのが違和感あるよな」

「新しいキャラを主人公にした新しい漫画は作ってるんやろ」

「もちろん。どんどん生まれてる。でも並行して生誕一〇〇周年とかってスーパーヒーローが焼き直して描かれる。キャラの著作権というか、所有権は出版社がたいてい持ってるからそうなるらしい」

日本の漫画なら、巻数を重ねるような長尺人気作になると、同じ漫画家が描いているのに絵がどんどん変わっていく現象は誰でも知っているが、アメコミの場合はわざと変えるらしい。

「スーパーヒーローを実写映画化する場合、成績がよければパート2、パート3とシリーズ化するよね。それが一旦終了してしばらくすると、また新しいシリーズとして始めるってことがよくある。さっきの「スーパーマン」「バットマン」「スパイダーマン」なんかは何度か映画化されてる。それぞれメイン俳優と全体の雰囲気なんかの方向性が全然違うんだけど、問題は、新たなシリーズが始まるたびにバットマンならバットマンが、なぜ、どうして悪をやっつける正義の味方になっていったかが描かれることで、さすがに見ている方は『また最初からかい』ってなるよな。漫画版なら、制作スタッフ入れ替えて、絵が変わって、新しい敵が新しい事件を起こすけど、スーパーヒーロー誕生にまでいちいち遡るってことはないらしい」

「スーパーマンは故郷の星が滅亡して地球に逃げてきて、バットマンは両親が殺されて、スパイダーマンは蜘蛛に嚙まれるんやったっけ」

「一度見れば覚える設定だよな。なのに、実写映画は、ちょっとずつ細かいアレンジを変えて同じ話を繰り返し作り直すんだ」

僕らの生まれた年の映画『ブレイド』はどれほど特別だったのか。

「その前に、当時の状況だね。俺が本を読んで理解したところによると、八十年代、九十年代、二〇〇〇年代と、スーパーヒーロー映画は変化していった。めっちゃ簡単にまとめると、小さな子ども、ほとんどが男の子だろうけど、の楽しめる明るく単純な正義対悪の『スーパーマン』の世界が八十年代初頭まであって、十年経ったら、大人の観客を視野に入れた、割り切れない複雑な心理描写と暴力的なシーンが多い『バットマン』の影のある世界へ移行した」

「『スーパーマン』の観客がそのまんま大人になったから起こった変化かな」

「どうだろう。本には書いてなかった。よくはわからないけど、悪をやっつけてスカッとさっぱり爽やか、が嘘っぽくなったのかなって気がする。俺の印象だと、バカバカしいぐらい荒唐無稽な設定で服も変な刑事とかが活躍する犯罪捜査ドラマみたいなものになったんじゃないかと思って。クライムストーリーには、警察側・犯罪者側の込み入った事情が語られたりする人間ドラマがあるだろ。同じようにスーパーヒーローと悪が悩み始めたのかも。もっとも、アメコミの原作漫画では、以前からそのへんのグチャグチャは描かれていて、映画は別ってことだったらしい」

　変化は、一九八九年制作、ティム・バートンが監督した『バットマン』と、その映画に影響を与えた新感覚の漫画版『バットマン』で起きたのだという。おかげで、後継のスーパーヒーローたちは暗くなり、現実の社会と人間を反映する。

「『ブレイド』は、ダーク路線をさらに推し進めた。この中の一冊には、現在のアメコミ・スーパーヒーロー映画の出発点だったと書かれてた。ヴァンパイヤ退治を始めるまでのストーリーが延々と語られるパートはなくて、最初からタランティーノ映画みたいに血まみれになって、バイオレンスっていうかホラー映画みたいなやり方でめっちゃ強い主人公がヴァンバイアを切り刻むんだ。セックスやドラッグを思わせる描写も多い。主人公は悩んでるんだろうな、と観客が推測する仕掛けがあるにはあるけど、本人の口からは語られない。なんにせよ子ども向きじゃないね。ていうことは、それが若者層中心にうけた。あ、そうそう。主人公ブレイドはマスクを被らない。変身もしない。弾丸を跳ね返す真っ黒なスーツをずうっと着てる」

　続いて『X-MEN』、『スパイダーマン』それぞれのシリーズがマーベル社の生んだスーパーヒーローとしてヒットする。制作はまだ大手映画会社。マーベル社はほとんど儲からなかったらしい。

『ブレイド』から十年後、銀行から多額の借金をしてなんとか立ち上げた独自の映画会社「マーベルスタジオ」が『アイアンマン』でデビューする。

「『アイアンマン』は、映画の前半で、主人公がスーパーヒーロー化するまでの物語が描かれるけど、これも子ども向きじゃない設定だった。パッとしない人生を送る中年オヤジが世界平和を目指して立ち上がるんだから。主演のロバート・ダウニー・ジュニアは、子役出身で若い頃に一度スターの仲間入りをしたけど、薬物中毒の問題で逮捕されたり治療施設への入退所を繰り返していたお騒がせセレブだった。アメリカの観客はそれを知って、役柄と俳優の実生活をダブらせて、見事に社会復帰する姿に喝采を送った。大手映画会社ほど制作費はかけられなかったけど、世界中でヒットした」

……どっかで聞いたようなサクセス・ストーリー。

「矢澤先生が言ってた『ロッキー』とシルベスタ・スタローンの関係みたいやな」

「ああ、そうか。でも、あっちは青年から大人向けのシリアスドラマで、こっちはスーパーヒーロー映画だからな。同じような受け取られかたをしたかもしれないって面白い。三十年かけて、映画ジャンルのボーダーがなくなってきてたんだろうか」

八田の意外にオタクっぽい機関銃トークを聞いている間、僕は考えていた。

やつが言う以外にもうひとつ面白いのは、子ども向けに生み出されたはずのスーパーヒーローを語るためには、制作会社がどうとか俳優の私生活がどうとか、大人の事情を絡めざるを得ないところだ。

まるで成功したビジネスの物語みたいだし、戦国時代の英雄豪傑のせめぎ合いみたいでもある。

「うちの親父なんか、俺が『アベンジャーズ』を好きなの知ってバカにするんだ。いつまでそんな子ども向け映画に夢中になってるんだって。あいつの若かった頃に比べてハリウッドの大作にスーパーヒーローものが多くなってるのが理解できないんだと。日本でいうと時代劇と変わらないんだけどな。ちょんまげと刀か、マスクとパワードスーツかの違いで、どっちも中身は現代社会を反映しているのに」

八田は、三冊のスーパーヒーロー映画関連の本を僕に手渡した。

さらにカバンから日本語に翻訳したアメコミ数冊と、ＤＶＤプレイヤーに『スーパーマン』『バットマン』『スパイダーマン』他の、さっき話に出たソフトのパッケージを取り出してみせ、もう一度しまい直して、カバンをベッドの脇に置いて言った。

「じゃあ、これ。よろしく」

読めよ、見ろよ、ということらしい。

もう帰る気だ。その前に、さっき話を聞いている時、思いついた点を急いで確認する。

「スーパーマンだけ、違和感あるみたいなんだよな」

「うん。スーパーマンってなんなんだろうって考えるよな。圧倒的だろ。弱くなりようがない。地球人に対して。ちょっとぐらい落ち込んでスランプになってもさ。だって宇宙人なんだから。『同じ人間』じゃない。となると、物語上、対抗できるぐらい強いのは、やっぱり宇宙人になっちゃう。それで、この二組がわざわざ地球にやってきて戦うのっておかしいんじゃないか。観客としては、そういうお話なんだって受け入れているうちはいいんだけど、『宇宙はこんなに広いのになんで小さな地球上で喧嘩してるんだ』と思い始めたら醒める。エリート過ぎると思うんだ」

「スーパーマン以外のスーパーヒーローは、地球人か。日本ならウルトラマン一家にあたるわけか」

「凡人ではないけどね、みんな。アイアンマン映画がヒットした理由の一つに、みんなが俳優の崩壊した私生活とダブらせて見てたってのが本当なんだとすると、複雑にな気分になるよな。ロバート・ダウニー・ジュニアが身を持ち崩したのは薬物中毒だぞ。社会生活をうまくやっていけなかった。アメリカでは珍しくないんだろうけど、スーパーパワーに目覚める前の凡人どころじゃないよね。当たり前の暮らしを送るには治療が必要だったんだから、ハンディがすごい。マイナスからスタートだよ。ものすごいエリートの宇宙人より応援しがいがあるし、共感できる」

そうか。

八田の言う「俺らが一緒に育ってきたスーパーヒーロー」は、そういう存在ってことかもしれない。

参考文献　『アメコミ映画40年史』てらさわホーク他／洋泉社
『アメコミヒーローの倫理学』トラヴィス・スミス、堀内進之介監・訳、塚越健司訳／パルコ
『マーベル映画究極批評』てらさわホーク／イースト・プレス

エピソード5　厭気／脇役

「私のヒーローは、怪人怪獣と戦ったりしない」

が、向井カヤさんの見解だった。

盲腸の手術は無事終わり、明日が退院だと、カフェスペースで顔を合わせた時、僕に向かって言い放つ。

メガネを押し上げつつ話す癖。

金髪の根元がグラデーション状に黒くなっている。少し髪の毛が伸びたのだろうか。

第一声では、僕を気遣ってくれた。

「ケガの調子はどう？」

だいたい順調だと答えておく。

さらに、『三国志』読み比べの結果報告と、先日、彼女が発した英雄豪傑やヒーローの呼び分けについての疑問を八田と矢澤先生をぶつけて返ってきた答えについて伝える。最後の部分は伝言的に言葉を投げた。

あとは、アメコミ実写化映画を観た感想。

僕には「アベンジャーズ」が面白かった。好きなスーパーヒーローは、クリスチャン・ベールのバットマン。というと、いかにも詳しくなったみたいだが、四人も違うバットマン俳優を見せられれば、誰かを選ばざるを得ない気分になっただけだ。

それと……。

なぜか八田に言い出せなかったが、僕の『三国志』の読み比べのやり方が「いわゆる正しいもの」だったかどうか気になっていた。

今さらなんだが、僕は紙をめくって文章を読むのなんか、苦手として生きてきたのだ。

漫画だって、たくさん読んだわけでもない。

小・中・高校と、サッカーに明け暮れて、人生の大半はボールを蹴って過ごしてきた。

自分のスマホを手にしたのが高校時代、以来、文字を毎日大量に消費はしてきたものの、今回したような、ガチの「読書」なんかほとんど記憶にない。

だから、本をたくさん読んでそうな向井さんに、あれでよかったのか判断してもらいたかった。

「ええんちゃう？　普通とか世間一般なんて気にしないけど、私なら。読書なんて、誰かが成績つけるわけじゃないし。正しいかどうか自分で決めればいい。それに、『三国志』の漫画と小説で年号が違ってるみたいなの、面白いと思う」

　彼女は請け負ってくれた。

「わかるよ、間違いたくないって気分は。でも私は、大学に入っていろいろ自由に選べるようになったら、他の誰かにとっての『正解』なんかどうでもよくなった」

　大学が、自由……？

　考えたことなかった。

　時間の使い方に多少融通がきくようになったのは確かだが、決められたカリキュラムの中でウロウロしているのは、高校までと変わらないじゃないか。

　学校と掛け持ちで働いている会社での自分の方が、よっぽど好きなように未知の領域を切り拓いている実感がある。

　思わず、

「そうですか？　僕は違いますけど」

と呟く。

しかし、彼女は無視して読書について話し続けた。

後々わかっていったが、どうも、この人は他人の言うことを、時に完全に聞かなくなるタイプである。

「同じ題材の古典を別々の作者がアレンジし直した例はたくさんあるでしょ。『三国志演義』なんていったら、それこそ、日本でも百年単位でイジられ続けてきてる。もともと、歴史としての『三国志』と大衆文化として長い期間をかけて成立した『三国志演義』は別もので、乱暴に表現すると、時代の空気感が反映されてる『イジられてる三国志』が『演義』やろ。ましてや、時を経た現代日本の娯楽作品がまったく違う表情を持ってて当然で、それを読者がどう楽しもうと勝手なはず」

「ネットで検索すると、僕の読み比べなんか幼稚すぎると思ったんですが」

「幼稚で結構やないの。あとは成長するしかないで」

彼女のもう一つの性質。年齢容姿に似合わず、どうも発する言葉がおっさんくさいのではないかと、僕は疑い始めていた。

「あのぉ、関係ないんですが、向井さんは京都の方ですか」

「生まれが岸和田。母親がそっちの人。で、中学二年で短い間だけ東京へ行って、帰ってきてからは京都。それがどないしてん」

そうか。いや、偏見はいけない。いけないが岸和田か。あの清原の出身地。だんじり祭りの。この人のルーツはそういう？

「別になんでも……。で、ですね。さっきの話なんですけど、読み比べってネットに結構あがってるじゃないですか、のぞいてみたら、みんなすごかったんです。作品が全体としてどういう考え方で描かれているとか、全然、本に書いてないこと言うてるし。『三国志』はこう書かれてるのに、『三国志演義』なら別の感じだったからどうだとか。僕にはあんなの絶対に真似できないな、と思って。漫画と小説の違いをブログかなんかで書いてた人もちらっとのぞいたけど、めっちゃ難しくてわからんかった」

「読む人によって、気になる部分が違う。無理にわかろうとしなくてええんやないの。だいたい、そんなんわかったかてなんの得にもならんし。私ら、評論家になろうってわけやないやろ。ところで」

唐突な言葉に、僕はちょっと動揺した。

「後で君の病室行っていい？　ちょっと話がある」

さっき、激しい夕立があった。

どっか～んと鼓膜がしびれるような大きな音の雷が一発鳴ったと思ったら、通りの向こうのビルが霞んで見にくくなるほどの雨が降ってきた。

十分も経たないうちに終了。急にまた明るくなり、びちゃびちゃに濡れた地面のそこそこに水たまりが光っている。

窓際のベッドにいる僕は、降り始めから終わりまで、ずっとその様子を眺めていた。

退屈な入院生活にとって、束の間の変化。世の中は動き、時間は前へ進んでいるのがベッドの上からも理解できた。

しばらくして窓を開けてみると、病院内の調整された乾燥したものとは違う、自然に湿らされた空気が押し寄せる。

今は少しだけ気温が下がっているが、すぐに酷暑の夏が戻ってきて、蒸す分だけ余計不快になるだろう。それとも、日暮れの方が先にやってきて、うまくすれば今夜は珍しく過ごしやすくなるのかもしれない。

窓をしめる。

なんにせよ、僕には関係ない。

八田は、友人たちは、母親は、土砂降りの時間にどうしていたのだろう。

自分が決めた通りに行動したはずだ。そこでどんな目にあおうが、彼らの判断が招いた結果だ。

たいした雨じゃない、となめててずぶ濡れになる自由。

ヤバいことになりそう、とどこかの軒下で雨宿りする自由。

コンビニに駆け込んでまたビニール傘を買ってしまう自由。

今の自分には、どれもない。

言い方が悪かった。向井さんの。

話がある、だって。こっちは青少年だ。

本当は、ただの、ヒーローと読書についての「ハナシ」の続きだった。

カフェコーナーへ本を持ってこなかったので、現物を手に説明したかったという。

なんだ、である。

ちぇっ、だ。

ともあれ、夕食後三十分ほど経って、僕が若干そわそわして待っていると、向井さんが本を四、五冊抱えてやってきて、訪問の目的がわかったのだった。

彼女は、少しだけロマンチックな期待に傾いていた僕の心を蹴り上げるような言い種を叩きつける。

「あのな、ヒーローな。アメコミとか漫画とかアニメとか仮面なんちゃらとかダークで血まみれのなんかとか、いったん忘れよか」

「じゃあ、向井さんはどんなヒーローがいいんですか」

勘違いのバカは平静を装って受け答えする。

「その前にまず断っておくと、うちの父親はな、おっさんになってもまだ本棚に『ONE PIECE』の漫画を並べてて、『ドラゴンボール』に『北斗の拳』に『スラムダンク』も全巻大事に持ってるし、『タッチ』『ビー・バップ・ハイスクール』もある。すべて私は小学生の頃に読破した。大人になってからは、彼氏と『アベンジャーズ3』も見にいった」

……彼氏、おるんかい。

「だから、そういうの知らんくせに偉そうにすんな、とは言わせない。女の子だからわからないんじゃないんか、という疑問は、当たらずとも遠からずかもしれんけど、まわりの子たちがプリキュアに変身したり、ピカチュウかわいいってぬいぐるみを抱きしめてるの見ても、そこまでのもんか？　と理解できんかった」

「ポケモンも興味なしですか」

「興味はあった。アニメは毎週見て内容の確認してるから。でも醒めてた。問題の根っこは、母親がサブカルの人だってことが大きいと思う。王道のカルチャーとはまったく別のところで生きてる。私はメンタル的に、もろ影響を受けて育ってしまった。父親からの影響は本棚の本だけ。仕事が忙しすぎてほとんど家にいなかった」

「ああ、なるほど」

サブカルか……サブカルね。

僕はサブカルがわからない。言葉自体は知っている。でも、具体的に何を指し示しているのかいまひとつだ。オタクとは違うのか。マニアじゃないのか。変態みたいに思ってた時期もあった。もちろん、男の意地があるからここで知らないとは言わないが。

「じゃあ、結局、どんなんが向井さんのヒーローですか」

サブカルの話題に踏み込まれては面倒なので、さっき聞いた質問を繰り返してみる。

「まず、フィクションはダメ。現実の人間。戦争の英雄はイヤ。天才」

「天才って、アインシュタインみたいな？」

「メジャーすぎて面白くない。もっとマイナーな人。教科書に載るような偉人は避けたい。

と、いうところで、まずはこの本」

一冊の文庫本を、彼女が手にした。

表紙には、ロケットみたいなものにまたがった、ロボットみたいなのが二体。あまり真面目な本の感じはしない。

タイトルが『大東亜科學綺譚』。

「これは、私の『ヒーローアカデミア』の入門編。さっきそんなん言ってたやろ？　日本の近代の科学発展に関連した、どちらかといえば周辺にいた人たちを紹介している本。正直、すごいと言えばすごいんやけど、よくある『日本すごい』のすごいとは別の種類のすごいがある」

何を言いたいのかよくわからないが、黙ってうなずいておく。モテる男は聞き上手だからだ。

「例えば、原田三夫。明治生まれで戦後にかけて活躍した。この中では『火星の土地を賣った男』ってタイトルで紹介されてる。ちょっと驚くようなエピソードやけど、私が気に入ってるのは別のとこ。実は、戦前から今でも続いてる雑誌『子供の科学』を創ったのがこの人で、創刊にあたって読者層である子どもに向けたメッセージがめっちゃいいねん」

向井さんは、付箋の貼ってあるページを開いて、読み上げた。

〈およそ天地の間は、びっくりするような不思議なことや、面白いことで、満ちているのでありますが、これを知っているのは学者だけで、その学者のかたは、研究がいそがしいものですから、皆さまにお知らせするひまがありません。したがって、多くのかたは、それを知らずに居ります。そのなかで特に少年少女諸君の喜びそうなことを学者のかたにうかがって、のせて行くのも、この雑誌の役目の一つです〉

「どう、いいと思わへん？『特に少年少女諸君の喜びそうなこと』って。自信満々やん。ひょっとして大人相手なら、反発買うかもしれんけど、子どもに、少なくとも当時の現代ほどひねくれてない子どもには刺さる言葉やったんやろうなって想像すると楽しい」

僕にはわからなかった。何が「いい」のか？　ひょっとすると、彼女は中国史よりずっと難問かもしれない。

仕方ない。あえて、同意も否定もせずに話題をそらす作戦に出た。

「ええと、火星の土地は本当に売ったんですね？」

「うん。詳しくは、なんやったかな、そう、これや」

ページをめくる。

「最初は冗談で五十万坪十円と言ってて、本当に公募をしてみたら申し込みが殺到したから、一人十万坪までの制限をつけた。『火星土地分譲予約受付証』を発行したらしい。一九五六年だった」

僕に本の初めのページを開いて差し出した。その「予約受付証」の写真が載っている。地球をあしらった書類のイラスト。購入者氏名が書き込まれた下には〈★貴殿は火星に拾万坪の土地を持っている★〉と印刷されている。買った土地は〈火星太陽湖地方希望土地北地地区内〉。

「これ、マジで金払ったんですか」

「日本宇宙旅行協会の手数料二百円と一緒にね。地主集会も行われたらしい」

わけがわからない。詐欺じゃないのか、そんなの。

「遊び、ちゃうかな。買った方も冗談とわかってて面白がってたろうし。まあ、そういうこともしたけど、私がこの本を読んで得た印象は、さっきの『子供の科学』がそうだったように、戦前戦後の日本人に科学を啓蒙した真面目な人やったと。ある分野での、なかなかのヒーローちゃうんかなと思う」

なるほど、それを向井さんは言いたかったのか。

「もう一人、この本では、星一が好き」

付箋をつけた該当のページを開く。

「息子が星新一っていうめっちゃ有名な作家になった。本人は、大正時代から戦後にかけて製薬会社で成功した、ようするに実業家。生涯、いろんな面白いアイディアを発し続けた人だったみたい。さっきの原田三夫と同じような時代を生きたけど、こちらは言葉で科学を啓蒙するだけじゃなく、発明家やね」

「新しい薬を作ったとかですか」

「業務用モルヒネ、一般用には胃腸薬なんかで事業を拡大した。ただ、一分野だけの狭い世界では治まらない人だった。本の著者によれば、日本らしい発想が基礎にあったんだって。〈代用科学〉がキーポイントらしい。聞いたことある？」

「ありません。なんなんですかそれ」

会話がまたいきなり難しくなっている。

「応用科学と代用科学って二つの分野があって、似た名前で間違えやすいけど、全然違うんやって。応用科学は一般的な考え方に沿っていて、〈「原理」と「現象」をダイレクトに結合する〉もの。例えば、熱力学って学問研究を実用に利用したのが蒸気機関。化学なんかの基礎研究がやがて工業製品に利用されて生活の役に立つ、みたいな理解を私はしてる。代用科学の方は、応用科学が作ったシステムの一部を差し替えること。蒸気機関なら、当初、蒸気を生み出す燃料は石炭だったのを、他の燃料、例えば木炭に変えてみようと考えて、その実現のために工夫する」

「なんで燃料を変えるんですか、天然資源が足りないからですか」

「それはもちろんあるやろうけど、どうかな、資源の問題だけじゃないいんじゃないの。もっと広い意味かと思う。日本は大昔から文化社会のたいていの物事を輸入して、こっちの環境にあった独自のアレンジを施して使ってきたから。例えば、漢字なんてそのものやん。外国語の文字を無理やり日本の言葉に読み替えて、足りない部分はひらがなカタカナを作って使ったわけやから。そういうすべてを輸入する元は、古代から江戸時代までの長い間が中国経由で、明治からヨーロッパ・アメリカ経由に移ったんやろ」

「じゃあ、代用科学で星さんは何をしたんですか」

「冷凍を利用した保存食品の開発だって。凍らせて粉末にしちゃう。現在のフリーズドライ製法に通じるような先取りアイディアだった。わかる？」

わからなかった。

「実は、私も。めっちゃ文系やからね。たぶん、食品そのものが代用なんじゃなくて、保存方法が以前の西洋式と違うんじゃないかと思うんだけど」

「いいんですか、それで」

「ノープロブレム。大丈夫」

本当なのか？　僕同様、あまりわかってないんじゃないのか？　不信感が残るが、向井さんはドヤ顔だった。いばって断言する。

「冷凍製造法を世に広めるにあたって星一が書いた文章ってのがある。

〈自然の持っている偉大なる力の中に、熱と冷とがある。熱は物を成長せしめ、冷は物を保存する力を持っている。われわれの日常使用する物資は、熱によって成長したるものを、熱によって処理したものが全部を占めている。（しかし）自然は無意味にわれわれに冷を与えてはおらない。宜しくその冷を応用してわれわれの進歩厚生を図るべきであろうと思う〉

どう、よくない？　ここで言う成長と保存って、全く同じシチュエーション内の比較なのかな、とは思うけど。まあ古い話やし、どっちにしろ私にはわからないんだから、細かいところはほっとくとして。それよりなにより、なんといっても自信満々がいい」

また出た。彼女にとっては、自信ある態度がポイント高いらしい。

「星一について、息子の星新一が本を書いているんだよね。父の伝記もあるし、関わりのあった人たちを描いたものもある。これ。『明治の人物誌』」

違う一冊を手に取った。

「最初のほうに、父親が書いた文章を引用してあった。

〈自己の才能をみとめる人は、きわめてまれなり。自己の才能をみとめよ。

自己の才能を発見し、そこに移れ。

エマーソンいわく「各人は、なにごとか一つ他に勝れるものを有す」と。〉

〈熱心のなしとげ得ざるものありや。

熱心の代用品ありや。
手押し車をもって自身にて商品を配達せしジョン・ワナメーカーは、米国第一の百貨店
種となれり。
天才とは、苦痛にたえうる性質なりと言い得べし。
富みて過去に生活する人は、機会を失う。〉
書いたのが大正十二年。最近のビジネス書みたいやろ。もうこのまま今出版すれば、新
しいの書かんでええんちゃう、と思うわ」
スマホで急いで調べると、大正十二年は一九二三年だった。彼女の考えた通りだとする
と百年前からビジネス自己啓発本はあまり変わってないことになる。
「『明治の人物誌』って、星一は各人物の語り始めに少しずつ登場するだけなんや。主役は、
同時代を生きた野口英世、伊藤博文、新渡戸稲造とかの教科書やお札に載る類の有名人た
ち。私好みではないんやけど、そのなかでも読み応えあるなと思ったのは、後藤新平のパ
ートやったな。星一にとって恩人と言える人物で、成功した発端になった。逆にそのこと
で、後藤の政敵に陥れられたりもした」
「後藤新平って人を知りません」

「そうか。本がたくさん出てるよね。そんなん読まんでもネットで調べたらええんとちゃう？　大風呂敷と呼ばれるぐらい壮大な構想を描く政治家で、後世になってそれらが評価されてる。関東大震災で崩壊した東京の復興構想とか、東京から下関をつなぐ鉄道路線の開発とか。キャリアのスタートが医師だったので、科学的論理的な思考だったんやて」

おお、わかりやすいぞ。面白そうだから後で調べておこう。

「ビジネスマンが好きそうな名言も結構ある。

〈個々の病人をなおすより、国家の医者となりたい〉

〈病人や貧民になってから与える百円より、ならぬようにする一銭のほうが大切なのです〉

みたいなの。私は、

〈趣味ある発達をはかるべきこと〉

がええかな。台湾の民政長官を辞めるときの挨拶だった。楽しく働けるような状態を作っていってほしい、という意味なんやて」

「実在の人物がヒーローって、その後藤新平は入りますか」

「ないな。『大東亜科學綺譚』のなんとなくの繋がりで読んだら登場してただけやから。読書ってそんなもんやろ」

よかった。なぜかホッとする。二十代前半の大学生が明治昭和の政治家のファンなんてヤバすぎる。「バットマン」のジョーカーが好き、の方がわかりやすい。だいたい、サブカルがどうのって言ってなかったか？　これでいいんだろうか？

心配は無用だった。向井さんの語りはまだまだ終わらない。

「ここまでで、私、昭和から時代を遡って本を読んできたわけだけど」

「ええ？　遡ってきた？　そんなんわからんかった」

向井さんが僕を睨む。

「男のくせに細かいな、君。私が遡ったって言うてるんやから、遡ったの」

瞬間的に了解した。青少年をなめてはいけない。

「そんでな、どうせなら明治時代までいって、変わってて面白い人のこと書いた本ないかな、って探した。明治維新とか以外で。それで、見つけた」

三冊目。タイトルは『慶応三年生まれ　七人の旋毛曲り』。

「慶応三年は、奇跡みたいに日本近代文学周辺の人がいっぺんに生まれた年らしい。その中から主だった七人を選んで取り上げたのがこの本。読み終わると、彼らが同い年だったのは奇跡じゃないかもしれないな、と思えた。彼らはなるべくして、語り継がれる仕事をする人物になった」

スマホで確認する。慶応三年は一八六七年。

さらに、慶応は四年の九月八日までとある。次の日から年号は明治に代わる。つまり江戸時代の最後だ。

「七人は、正岡子規、尾崎紅葉、斎藤緑雨、夏目漱石、南方熊楠、幸田露伴、宮武外骨。この著者はね、タイミングというものの面白さにこだわって書いてる。夏目漱石と幸田露伴は同じ年に同じ旧制中学に入学しているのに、二人の伝記で多くは触れられていないとか、尾崎紅葉が亡くなったとき、すでに明治文学の有名人だったのに、漱石はまだ『我輩は猫である』を出版する前だった、とか」

幸田露伴。尾崎紅葉。日本史で暗記した名前。どんな本を書いたんだっけ。さすがに夏目漱石は夏休みの読書感想文のために読んだことあるが。

「この本は、七人を別々に描くんじゃなくて、全員を並行して追っている。だから一人一人についての記述は分量が少なくて、個別の誰かを自分のヒーローとしている文学好きの人がどう読むかはわからない。私にとっては、南方熊楠が××している頃、幸田露伴は……みたいな、今まで個別に語られていた事実を横並びにしてみせるところにすごい面白みがあった。エクセルってあるやん。あれで個別にデータを入力していって、完成した後にソートの方法を変えると、表の見え方が別物になるやろ。そうやって目の前の風景が変わるような気分が爽快だった」

ああ、それって「あれ」かもしれない。

僕は、さっき食堂で話していた『キングダム』と『史記』の比較を思い出していた。秦の始皇帝をどのように描くかによって、歴史の見え方がずいぶん違ってくるというやつ。

向井さんに言ってみる。おそるおそる。

「まあ、当たらずとも遠からずかな」

との反応が返ってきた。

「当たってないっていうのは、この本では、七人の中にはヒーローがいない気がするから。中国の史書はヒーローだらけやん。無理やりでもそうする。でも『旋毛曲り』たちは違う。七人の戦隊ものには思えない。日本に遺した文学的な功績はとても大きかったにせよ、でも、当たり前の毎日を送る人間として悩みも苦労もする、時代が大きく変化する中を生きた明治の人たちの姿を描いてると、私は受け取った。ヒーローと呼ぶには、生々し過ぎる。

ただし」

ここで、ふふん、とドヤ顔になった。

「私は、主人公以外にヒーローを見つけた」

「そうなんですか。七人以外の文豪とか？」

「坪内逍遥、森鷗外、泉鏡花ほか山ほど登場するけど、樋口一葉もね、そういうんじゃない。残念ながら、そうなるかならんかわからんうちに、若くして亡くなった人」

無名でも才能があった人ということか。

「無名、でもない。名前は米山保三郎。『旋毛曲り』のうちの二人が、彼のことを伝えている。そんなんしたら無名ではいられへんやろ。なにしろ書いてるのが文豪やから。後世の人々にとって無冠の帝王みたいな扱いがされることにもなる。今のところ、ウィキペディアに単独で項目が立てられるほどではないみたいやけど」

「どんなことをしたんですか」

「二人の文学者を生んだ。といってもいい、かもしれない。それが夏目漱石と正岡子規。まだ学生だった頃に、米山は彼らの進路を変えてしまった」

まず、正岡子規は、米山保三郎とある日出会って、あまりの博識と秀才ぶりに驚いて、志望を哲学科から国文学へ変更したという。

　夏目漱石の場合。米山は漱石の親友になった。一時期、建築に進みたいと考えていた漱石に「君の望むような美術的な建築は、現在の日本では実現できない」から、文学の道に進め、そうすれば後世に読み継がれる大作をものにすることだってできる、と助言したそうだ。

「米山は功績を遺してないので『旋毛曲り』に入らない。ていうか、彼らより二つ歳下だった。日頃から賢さに自信を持っていた正岡子規にとって、自分が叶わない後輩の出現はかなりショックだった」

「なのに、若いうちに死んでしまったんですか」

「二十九歳だった。勉強のしすぎで体を壊して。夏目漱石が彼の死を悼んで、自分なんか鮒で、彼は龍のような存在だったと書いてる。そして、『我輩は猫である』の天然居士のモデルにした。歴史に残る二人の文学者に影響を与えて、自分はほぼ語らぬまま早死にした天才って。めっちゃヒーローっぽくない？」

　確かに。そうかもしれない。

「もう一人、彼らの青春時代に注目すべき人間がいたんやて。朗月亭羅文っていうんだけど、スターはスターでも、トリックスターみたいな存在だった。つい『バットマン』のジョーカーを思い出したんだけど、あれってスターだよね？」

「ジョーカーは印象強いです。じゃ、羅文って人も悪いんですか。犯罪者とか」

「警察に逮捕されて刑務所に入ったことがあるかってこと？　知らん。この本には、かなり迷惑ないたずら者だったとしか書いてない。羅文は、慶応三年の七人のうち、幸田露伴、尾崎紅葉、斎藤緑雨と繋がりがあった。彼らより四つ年上で。羅文が露伴の家に居候していた時代があって、ずっと後、露伴は歳をとってから彼を回想している。めちゃくちゃなやつだったって」

武術が好きだった。

ただし、立ち合い中に〈芝居気たっぷりの気どった型をして見せる〉ことに目的があったらしい。そんなことをしている隙に一本取ってしまうと、〈「お前たちのは野暮でいけねエ」〉と怒った。

酒が強かった。

酒の席で、タバコを吸う煙管を手裏剣にみたてて隣の座敷に投げ込んだり、遊郭の前にいた通行人を棒で叩き回ったりなどの武勇伝がある。

それらを露伴が愛すべきアホな行為として書き残している。

「面白いのは、自分が面倒を起こすやつだとわかってて、

〈常に数通の詫び証文を懐に入れ、しかもその詫び証文にはちゃんと番号が打ってあった〉

ってところ。かと思うと、記憶力がとんでもなくて、古い書物や系図や年表、歴代の天皇と年号を暗記していた。幸田露伴自身が天才的な記憶力と賞賛されていたのに、その露伴が驚いていたくらいだったんやて。だけど、彼も三十歳になる前に死んでしまう」

「また早死にですか」

「正岡子規が三十四歳、尾崎紅葉と斎藤緑雨が三十六歳で亡くなってるから、当時としてはすごく珍しい訳ではなかったんやろうけど。夏目漱石でも四十九歳。七人のうち、あとの三人、幸田露伴、宮武外骨、南方熊楠は老人になるまで生きた。ちなみに、彼らと同い年に、『大草原の小さな家』を書いたローラ・インガルス・ワイルダーもいるんやけど、亡くなったのが宮武外骨の次の年だった」

ふうん、と一瞬感心しかけたが、だからどうだというのか。

「いや、別に。調べて面白かっただけ」

向井さんは、何を言っても変わらず自信満々だ。

「その本は、どうなって終わるんですか。誰かが死んだところ？」

「どうやろねえ。知りたければ自分で確かめて。置いてくから。長くても読みやすいよ」

やむを得ない。若い男が、年上の美女から「読んでみて」と本を差し出されたら、どんなに分厚く、内容が難しそうでも挑戦しなければならない。


彼女のヒーロー探し読書の四冊目。

そう、まだあったのだ。

「ずっと前から気になってたけど、読むきっかけがなくて手つかずだったんが、これ」

手にした本を見せる。

『補虫網の円光　標本商ル・ムールト伝』。

表紙には険しい顔のサンタクロースみたいな白髪と白ひげの太った老人と、きれいな色の蝶が描かれている。

「標本商って蝶とかを標本にして売り買いする人ですか。それが向井さんのヒーロー？」

「偉人らしいよ、あっちの業界では。まず言っとくけど、私は虫が大嫌い。全ての昆虫がいなくなったら私個人はもっと生きやすくなる、と思うてる。小学校で『ムシキング』が流行った頃は休み時間が地獄だった。男子が虫の絵が描かれたカードとかいじってるから、真面目に男女共学はあかんちゃうのかって疑問を抱いたもん」

虫がダメか。

となると、キャンプ行きましょうよ、なんて誘っても絶対無理か。河原のBBQは？　夏の夜の花火大会は？　どうなんだろうか。

「なのに、なんで虫の本なんですか」

「それは簡単。タイトルがかっこいいから。ホチュウモウにエンコウって言葉の響き、どう？　奇跡ちゃうかと思うわ」

「補虫網って、虫捕り網ですよね、たぶん？　円光はなんやろ」

虫を捕まえるとき、網が円を描く。その軌跡を詩的に表現したのだろう、と向井さんは言った。

「素敵すぎる。虫に関係なければもっといい」

「よく読めましたね」

「もう、鳥肌立ちっぱなし。こんなひどい拷問は他にないんじゃないかって。だから、毒ヘビに襲われたとか凶暴なサメがどうのとか、憎たらしい人間にひどい目にあった、とかの記述が数ページでも続くと、めっちゃ安心した」

読書ってそんなに苦行なのだろうか。よく読み切ったものだ。

「カルチャーショックがあったから。パリを拠点に世界をまたにかける虫標本屋って、すごない？　あと、初めて知ったこともある。カミキリムシなんかの甲虫が、飛行機の原理の参考になったんやて。鳥じゃないんだって。それで思い出してん。両腕に長い翼みたいのをつけて、羽ばたいて飛ぼうとしている古い動画をテレビか何かで見たなって。私は、たぶんあれが飛行機の先祖で、うまいこと発展して飛行機になっていったんだろうとなんとなく考えてた。あまり興味がないから追求したことなかったんやけど」

飛行機の手本になった生物か。

僕は、どう考えていただろう……やはり鳥が羽根を広げて風に乗っている姿を思い浮かべてしまう。

「昆虫類の飛行はまだ解明されてない部分があるらしいし、ましてや私の理解なんか大ざっぱなんやけど、甲虫の二種類の羽（翅）のうち、外側の硬いのは飛行中に動かさないまま、揚力、つまり空中に浮くための働きをして、普段は隠してるけど飛ぶ時に出して激しく運動させる柔らかいのが推進力を生んでるんやて。飛行機の原理は、昔ならプロペラ、今はジェットエンジンが前進するためのエネルギーを発生させる役割を担ってて、固定した翼で揚力を確保する」

「昆虫みたいな姿の飛行機はないけど、鳥の真似をしていたら、いつまでも飛行機は発明されなかった、とかいうことですか」

「そやねん。たぶん。飛行するには揚力と推進力の両方が必要やから、その点では同じなんやろうけど。だから鳥の羽根をそのまんまコピーできたらやっぱり飛べるはず。ジェット旅客機がばっさばっさ羽ばたいて離陸すんねん」

「という知識がいっぱい書いてある本なんですか」

「でもない。ほとんどが、主人公ル・ムールトの虫にまみれた人生を描いた伝記。子どもの頃、虫に魅せられて以来、ずうっと執着する。大好きなんだけど、ただの趣味で満足しなかった。仕事にする。だから、前半生は、昆虫採集を職業として確立するための期間だった。金持ちの蒐集家の専任虫捕り人からスタートして、いくつか転職する。必ずしも虫関係ではなかったけど。飛躍のきっかけは南米の仏領ギニアの役人になったこと。当時のギニアは囚人の流刑地だった。そこでモルフォ蝶ってすごく綺麗な蝶々を大量に捕まえて、本国に売る商売を確立した。これがヒットして、金持ちの女性が翅を装飾品に使ったり、たくさん並べて額にいれて飾るのが流行した。そのあたりで現場から離れてフランスに帰り、自分の店を開いて〈標本商〉になる」

「好きなことをビジネスにして成功したんですね」

「ただ、虫を売ってばかりじゃなくて、自分自身のコレクションがすごかったとも書いてあった」

自分の店に飾ってありながら、非売品だったという。

「私は、読んでてフンコロガシとかカミキリムシとか捕まえてる頃は具合悪くなってたんだけど、モロフォ蝶に話が移ったところでホッとした。蝶ならまだ我慢できるかな、って。ところが、綺麗な蝶々を使ったとんでもないエピソードが出てきて、マジで読んだことを後悔したわ。この本の中で一番気持ち悪い」

「向井さん、それ、今話すんですか？　僕は別にいらんけど」

「当たり前やん。自分だけ気分悪いのいややや。あのな、蝶はオスとメスで翅の模様が違ってる。ところが、ごく稀に左右の片側がオス、もう片方がメスみたいな組み合わせの個体がおんねんて。珍しいから、そういうのは高く売れる。となれば、悪いこと考える奴も出てくる。ある時、商売をやってるル・ムールトの許にオスメス両方の翅をもった標本が送られてきたんやけど、どうも怪しいと思ってよく見たら二頭の蝶々の体を真ん中で貼り合わせてあったんやて。関係ないけど、蝶の数え方知ってる？　一頭二頭らしいよ。それはともかく、死んだ雌雄をくっつけるインチキ手法はよくあったけど、その時のは明らかに違って出来がよかった。なぜかというと、

〈生きている雌雄二頭の蝶の体を鋭利なメスで縦に二つに切る。そうして雌雄を貼り合わせると、筋肉がくっついてしまうというのである。ル・ムールトは、これをいろいろな蝶で実験し、いつも見事な雌雄型をつくりあげることに成功したという。彼は若い虫屋に、あまりにも誘惑が強すぎるからと、この実験をしないように言っているけれど、こういうことを標本商が詳しく書くと妙な評判がたつもとになるのである〉

オエェってなるやろ」

向井さんに完全に同意だった。僕としては、ぜひ話さないでほしかった。

「あのお、原点に戻っていいですか。ヒーロー的な部分はないんですか、この人」

「ないでもない。かなり自画自賛なのは減点されるところとしても。仏領ギアナの赴任先でモルフォ蝶を大量採集するには、人手が必要だったので、刑を終えたのに法律でよそへ行ってはいけない人たちが蝶を捕るコミュニティができていった。獲物を標本商が買い上

げるシステムで。そのコミュニティは成長して、『蝶のゴールドラッシュ』と呼ばれるほど盛況になる。当時、ギアナの犯罪発生件数が減って、その原因は蝶捕獲の仕事で地域経済が潤ったからだと言われたらしい。だからル・ムールトは、俺のおかげなんだと自慢していた。そこらにいる人ができることではないから、偉くないとは言えないとは思うけどね。虫ビジネスで成功する道のりは、徹頭徹尾自分の『好き』に執着したものだったけど、ギアナに働き口を生み出したのは利他的な面もあったということで」

「ヒーローと呼べなくもない？」

「いや。少なくとも私のヒーローではない」

ならば、どうしてこの本の話をするのか。

「この本の中で何度か言及されてる『パピヨン』という本があるんよ」

さらに上下二冊の本を取り出した。

「ル・ムールトがフランスへ帰国した約十年後に南米へ流された囚人が書いた回想録で、ベストセラーになり、映画化もされた。捕まっては脱走ってパターンを繰り返していくってストーリー。一応、著者自身はギャングのメンバーらしくて、無実ではないにせよ、陥れられて不当に重い罰を課せられたことになってる」

同じ土地で、役人たちが労役をさせた囚人側の視点で描いてるのだ。

「ル・ムールトは、蝶々を捕まえる楽な作業の上に、安いが賃金を払ってたのはいいことだった、みたいに匂わせてると思うんやけど、囚人の世界はそれほどいいものではなかったらしい。『パピヨン』には、人種も階層もいろんな人が入り乱れて登場してて、だいたいが悪いやつだった。でも私に言わせると、一番ヤバいのは主人公パピヨンなんだよね。南米の、島そのものが刑務所みたいなところへ放り込まれるんだけど、そこの囚人たちがみんな刑に服して毎日を送っている様子を知って、なぜ誰も脱走しようとしないのか、と不満を抱く。私は、おいおい、って思った」

そもそも絶海の孤島に閉じ込めるのは、囚人の脱獄を諦めさせるためなんだよな、と考えつつ、僕は昔見たアニメ版「銀魂」の、桂小太郎が逮捕され、どこかの島の刑務所に送られるエピソードを思い出していた。確か、以前からいた囚人が脱走を企てていて、その男の折れない心を天然ボケの桂が揺さぶってしまうのだ。

「パピヨンは何が起きても、常に脱走というゴールを頭に描きながら行動する。執着心がとんでもない。特にビビったのは、この人の自己正当化のすさまじい論理の展開の仕方やね。例えば、他の囚人同士とモメて相手を殺してしまい、刑罰がより重くなるって場面で、自分に語りかける形のモノローグがあった。

〈スリエを殺したことについても、お前自身を責めるべきではない。お前がここに入れられているのに、あいつが逃走してしまった、というようなことになれば、お前がどんなに苦しむか考えてみろ〉

めちゃくちゃやと思えへん？

「それ、怖いですね。でも、ヒーローなの？」

「難しいんやけど。ひとつは、アンチ・ヒーローのヒーローだと思う、このパピヨンは。本来は法律にしたがってギャングに罰を受けさせるのが正義の側でヒーローのはずなんやけど、フランス本国から遠く離れて、しかも流刑地の隣国が絡んでくる複雑な状況の中、だれが善なのかわからなくなってくる。警察もかなり悪いし。著者の一方的な主張ばっかりではあるけど、読んでると、さっさと悪い場所から逃げるのが最善と思えてしまう。それが法律違反の上塗りだとわかってても」

そういうものだろうか。

「もうひとつは、なんども言ってるように、執着心。ル・ムールトが思い続けて、ついに虫を商売にできたように、パピヨンも脱獄に執着した。私なりに考えた定義によると、ヒーローって、あきらかに他とは違う強固な信念を持った人間やから、二人ともメンタル面ではヒーローの資格ありやと」

「あの、話が難しくなってきたんですが、結局、その二人は向井さんのヒーローになったんですか」

「もちろん、違う。そういう観点から本を読むこともできた、というだけ。結論は別にないの。病院にいる間の暇つぶしの読書なんやから、あまり厳しく追及せんとして」

さて、と、向井さんは立ち上がった。

時計をみると、もう八時をまわっている。

窓の外はすっかり暗い。

京都の夜がそこにあった。

表通りから一本入った住宅街が、京都は他の土地より暗いと聞いたことがある。街灯が少ないんじゃないか、と。

「私は明日退院する。本は全部置いてくから読んで。それぞれ、結末は話してへんから、十分に楽しめると思うし」

言いながら、持ってきた本の置き場を探した。

ベッド脇のテーブルも床も飽和状態だ。八田と矢澤先生の漫画や小説やその他の本が、裸のまま、あるいは大きなカバンに入れられて積み上がっている。

「これは、収納を考えんとあかんね」

「そうですね。すみません、とりあえず、床に積んどいてもらっていいですか」

また本が増えた。今回のは分厚く、内容が変わっていて、濃いみたいだ。

「結局、向井さんのヒーローはいたんですか」

「見つかってない。しばらく宿題にして。そのうち報告するから」

それは楽しみだ。とても。

参考文献
『大東亞科學綺譚』荒俣宏／ちくま文庫
『明治の人物誌』星新一／新潮文庫
『慶応三年生まれ 七人の旋毛曲り』坪内祐三／講談社文芸文庫
『補虫網の円光』奥本大三郎／中公文庫
『パピヨン』H・シャリエール、平井啓之訳／河出書房新社

エピソード6　招待／正体

僕が関わる出来事《ストーリー》は、ここからが本番である。


退院の日の朝、未明。

少女と老人が僕を目覚めさせた。

「サプラーイズ」

薄ぼんやりとしたカーテン越しの光の中で、こちらを覗き込んでいるこの人らは、いったい誰なんだろう？

瞬間、僕は言葉を発せずにいた。いっぺんに眠りから引きずり出された驚きで、心臓がまだドキドキしている。

そこへ、足元から声がかかった。

「おはよう」

そちらへ目をやると、矢澤先生が笑顔で立っていた。

助かった、と思った。驚きと不信は去らないが、先生がいるということは、とりあえず危険ではないのだろう。

とはいえ、よく考えてみれば、相手は老人と少女。ヤバい圧をかけてくる男の集団じゃない。何もそこまでビビることはなかったのだが。

「ええと……おはよう……ございます」

ベッド脇の二人が見つめる目を無視して、救いをもとめるつもりで先生に向けて言葉を発した。

つもりだったが、間髪を入れず、少女が割り込んでくる。

「おはよう。田代君。出かけるわよ。そろそろ約束の時間だから」

出かける？　約束？　何を言っているのか。

もう止むを得ない。彼女と対峙するしかない。

「あの、君は誰？　なんで僕を知ってるの？　なんでこんな時間に病院にいるの？」

この子は僕を知っているようだが、こっちは彼らを見たこともない。だいたい、面会時間は九時からなのだ。特別な理由がない限り、それ以外の時間、部外者が病院内に立ち入ってはいけない。

「私は……」

少女が口を開き、答えようとしたところで、矢澤先生が口を挟んだ。

「申し訳ありません、マコト様。まず私から彼に説明させてください」

そして、僕に二人を紹介した。

「こちらカワダマコトさんと八坂渉さん。前に話したよね、今度、京都で面白い『場所』を作ろうとしている知り合いがいるって。それがこちらの方々」

そうだった。確か……。

「ええっと、京都御所と金閣寺の間がどうのとかいう」

「それだ。マコトさんと博士、みんな八坂さんをそう呼んでいるんだけど、このお二人は今、例の『場所』のことで東京から来られてて、田代君に相談があるそうなんだ」

「相談、ですか。僕に?」

思わず、三人の顔を見回した。

「ええ。だから、行きましょう。詳しい説明はおいおいしていくわ。とりあえず、さっさと外出用の服に着替えてちょうだい」

知りたいことは、なにがなにやらさっぱり分からないが、ひとつだけはっきりした。僕が連れていかれるのは、病院の外の、パジャマが似合わない場所らしいってことだった。


十分後、僕は黒いワゴン車に乗って、京都市街を走っていた。

西大路通から丸太町通へ。

もうすぐ夏休みが終わる時期といっても、観光客はそれほど減らない。だが、普段なら大きなスーツケースをゴロゴロ転がしたりリュックを背負った人々で溢れかえるメインストリートも、さすがに早朝のこの時間にはその影がまばらである。

マコトという少女と、博士と呼ばれる老人が一緒だった。

矢澤先生は病院に残った。当直だから。

明日の午後、退院する時に着る予定だった服に着替えた僕がクルマに乗り込むのを見守り、出発する時に手を振ってくれた。

いつも通り、ほがらかに落ち着いていて、特に心配そうな様子はみせなかった。

だったら僕が不安になる必要もないのだろうか。

さらにあと二人、真っ黒な上下のスーツにビシッとネクタイをしめた男女が同乗していた。男が運転手になり、女の方は我々と共に後部の座席に乗り込む。彼女は、なんというか、SPだかなんだか、つまり護衛役のように見えた。

なぜSPぽいと思ったか。髪の毛をビシッと後ろに結んで、メイクは最小限。それに、片耳のイヤホン。しかもスーツのエリの部分に消えていく、おそらくは送受信機に繋がっているコードが、目立たない色のカールコードだった。おいおい、ジャック・バウアーかよ。袖口にマイクしこんでどこかの「本部」と交信してるんじゃないだろうな。

つい先ほど、初めて会った際に抱いた不信感は、ここに及んで不穏感へと変わった。マコトと博士は、襲われる心配のある重要人物なのかもしれない。

ワゴン車は、スイスイと道を走り抜け、あっという間に目的地へと着く。

京都御苑だった。

クルマに乗ったまま堺町御門をくぐる。

ここに入ったのは初めてだ。京都で暮らすようになって三年ほど、数えきれないぐらいそばを通ってはいた。門が二十四時間いつでも開いているのも知っているが、あえて足を踏み入れはしなかった。

ある二階建ての建物の前で、マコトがクルマを降りる。同乗してきた黒スーツ女も一緒だ。

「しばらくそのへんを見学でもしていてちょうだい。私はここに用があるの」

言い捨てて、建物へ向けて歩き出す。その玄関口には、やはり黒スーツを来た男が立っていた。マコトが近づくと深々と頭を下げ、中へと導く。彼女を待っていたのだろう。

マコトの「用事」は、一時間ほどかかるという。僕と博士は後で彼女をピックアップしに戻る約束をして、御所を見にいくことになった。

宜秋門の前でクルマを降り、京都御所内へ。僕は松葉杖だ。

運転手の男が同行した。参観コースを案内してくれるという。ＳＰかと思いきや、施設のガイドもこなすらしい。

承明門をくぐり、回廊から南庭を眺める。

まず目に飛び込んできたのは、だだっ広い空だった。

その下には、さざ波のような形に整えられた砂。夏の太陽が強く照りつける前の時間帯、ほんのりとした光の中で白く輝いている。

僕は、目の前の風景にしばらく圧倒されていた。

呼吸が徐々にゆっくり、深くなっていく。

こんな気分は久しぶりだった。

いつ以来なんだろう。空を見上げることなんかあっただろうか。

大学を辞めようかどうしようか悩み始めてから、怪我をして人生が停滞してしまった期間を通じて、ずっと狭い場所に閉じこもっていた。

あまりに考えすぎていたのかもしれない。うつむき過ぎていたかもしれない。

しばらく御所内を見学し、戻ってマコトと合流した。

次はどこへ行くのかと思ったら、黒いバンは京都御苑と烏丸通りを挟んだ向かい側の区画にある一軒の住宅の前にとまった。

マコト、博士、僕の三人だけで屋内へ。

玄関ドアを入ると、一階はがらんと広いワンルームになっていた。おそらくは、僕が入院していた病室と同じぐらいの面積だろう。仕切りの壁も扉もなく、部屋の片側に上階へ通じる階段が見えている。

家具らしい家具も備え付けられていない。ぽつんと、部屋の真ん中に丸いテーブルがあった。お揃いの椅子が六脚、備えつけられている。

マコトが僕に向かって言う。

「松葉杖のところ、あちこち歩かせて悪かったわね。まあ座ってよ。話をしましょう。私に聞きたいことがあるんじゃないの」

いろいろと、その通り。遠慮なくお言葉に甘えて座らせてもらう。

マコトが僕の隣に陣取り、博士は「お茶の用意をします」と二階へ上がっていった。

やっと、この謎の少女をゆっくり観察する余裕ができた。

派手な着物と真っ黒な髪のおかっぱ頭。中学生、いやひょっとすると、まだ小学校高学年くらいだろうか。なんにせよ幼さが色濃く残る風貌だ。

なのに、態度が高飛車な上に落ち着き払っている。子どもの言葉遣いとも思えない。

なんなんだろうこの子は、と考えていると、

「女に年齢を聞くもんじゃないわよ」

彼女が口を開いた。

びっくりした。考えていることを当てられたからではなく、子どもの言うセリフとは思えないからだった。

「でもええんちゃうの、君ぐらい若ければ別に」

と反論すると、マコトは大きくため息をついた。

「君よりずっと、ずっと、ずっと、大人よ。ひいおばあさんより年上じゃないかしら。あと二年で百歳になる」

変な冗談をいう妄想癖のある子どもに捕まったらしい。

何が百歳だ。早朝に大人を叩き起こして引っ張り回したあげく、バカにしている。

僕が納得できない表情を浮かべていたのが伝わったのか、彼女はさらに言い募った。

「信じられないのは当然だけど、事実だから仕方がない。証明する方法も書類もいくらでもあるわ。さっきの宮内庁の人たちだって、ガキ相手には見えなかったでしょ」

「そう言われてもな。君が百歳だって信じるの、いきなりは無理」

「いいわ、すぐに信じてくれなくても。慣れてるから。おいおいわかっていくことでしょう。今後、付き合っていく中で」

肩をすくめて首を振った。

「ところで、田代君の退院後の、つまり明後日からの生活についてなんだけど」

またもや意外な言葉が出た。

「私の手伝いをしてもらいたいのね。君が働く予定だった会社の社長さんにも、お母さんにも話は通してある」

「え、どういうことですか」

「だって、学校は辞めたし、仕事への復帰はできないわけでしょ。足の怪我が完治して元に戻るまで。君は内勤より外回りでフットワークをいかしてこそ力を発揮するタイプらしいじゃない。社長さんは、事務なんかの業務もひとつの経験になるからいいと考えてたらしいけど、まあ私に預けるのも悪くないと判断したって」

それは……どうなっている？　社長がなんだって？

「ちょっと待って。わけわからん。そんなん全然聞いてへんし」

大動揺である。パニックになった。

「落ち着きなさい。とりあえず社長さんに電話してみなさいよ、今すぐ」

朝早くにかけた電話なのに、社長は不機嫌な様子もなく答えてくれた。

マコトの言う通りだった。

会社で働くのもいい。やる気があるなら内勤の仕事を用意する。だが、一〇〇パーセントどころか、半分も僕が力を発揮できないのならば、無理をする必要はない。正社員として入社する時期を数ヶ月遅らせて、きちんと体を治すと決断するならそれもいい。会社はいつまでも待っている。

マコトの依頼の件は説明され、知っている。正直言って自分にはよくわからないが、正規の就職前の人間が何をしようが勝手であり、自分が口を出す筋合いではない。やりたければなんでもやってみればいい、いい経験になるかもしれない……。

肩透かしだった。

そんな怪しげな誘いは断れ、ぐらいの返事があるかと思った。なのに、別にどうってことないだろ、というわけだ。なんなら、「お前が必要だ。すぐに戻ってこい」みたいなことを言ってもらえたら感激してたかもしれない。

ところで。間抜けなことに、僕は肝心な「怪しげな誘い」の中身を知らなかった。

改めて聞いてみると、マコトは、

「ふたつあるの。まずは『施設管理』。それと、そうね、仮に『資料整理』とでも言っておこうかしら。報酬は別々よ。管理のほうが九時から五時までの勤務で、時給千五百円、もうひとつのほうは規定がなくて、仕事を完遂したら相談させて」

などと契約社員の募集要項みたいなことを言う。

「わかった。でも、ちょっと考えさせてほしい。いきなりだったから」

とりあえず返事を保留してみた。どうせやることになるんだろうけど。僕は押しに強い方ではない。

「ええ、もちろん。結構よ。では、もう少し詳細をお話ししておきましょうか。私たちが何をしているのか、なぜ人手が必要なのかを含めて」

……彼女の話は、にわかには信じられなかった。

それは、九十八歳の少女と、言霊探偵部と、長いこと秘密にされてきた地下図書トンネルの物語だった。

〈まずは、私の自己紹介をもう少し。

生まれたのは中国の上海。約百年前ね、さっき言ったでしょ。父がビジネスで成功して裕福な家だったのよ。

戦争の状況によって各地を転々とした。その間に、私の体の成長が止まったの。

戦後、日本へ引き揚げてからは東京で暮らした。体のことがあったから、私はずっと閉じこもっていた。

本ばかり読んでいた。内容はどんなものでも手当たり次第だったのが、十代後半には、父のビジネスに関係するような経済や社会情勢、政治なんかの分野に絞っていった。少しでも知識を蓄えて、家族の役に立ちたかったから。

なにしろ、想像してみて。私は外で働くのなんかは論外でしょ。外見は子どもなんだから。かといって、伝統的な政略結婚をして血族の強化、みたいなこともできない。まあそんなのロクでもないとは思うけどね。

一生、ただ自宅でぶらぶらしているだけになってしまうと考えると耐え難かった。となると、あとは脳を使って分析なりするぐらいしかないじゃない。

必死になって勉強した。いろんな事柄を暗記して、ロジックを身につけた。すると、数年経ったら、父が今、何をしているか、次にどういう一手を打つべきか、が見えてきたの。父は喜んでくれた。何の役割も果たせないだろうと思っていた娘が、ブレーンとしての能力を開花させられそうだと知って。最初は帳簿類の整理から始まった手伝いが、やがて一九五〇年代には、父のアドバイザーとして、戦力のひとつになっていたわ。

読書はどんどんと続けていた。自分の価値のモトはそこから得るしかなかった。本が増えて収納場所がなくなると、庭に書庫を建てた。それでも数年後には溢れそうになったので、建て増しをした。

もちろん、そんな贅沢ができたのは、第一に裕福だったのがあることは間違いないけれど。けっして、自分で稼いで得たお金でないことは十分承知していた。

そうしているうちに、私が蓄えた財産は、頭の中に詰め込んだ知識そのものだけではなく、膨大になってきた蔵書まで含めるという状態になってきたの。分野にしても、父が関わる産業を大きく超えて広がっていた。貴重な本まで揃えた私設図書館ね。

何を聞いても世界一流の知識をリファレンスできるとわかったので、父は、ビジネス以外の場所にも私を引っ張り出すようになった。

例えば、顔見知りの経営者や、つながりのある政治家が、助言を求めに来たような場合にね。

そういう時って、必ずしも、何をどうこうせよ、と回答を与えるのがいいとは限らないの。関連する書籍を示して、読んでもらって、自分の頭で考えてもらう、という形にしないといけない場合も多かったのよ。

つまり、私は司書の役割を果たし始めたわけ。

いろいろなことに関わったけど、それは全部飛ばして話すと、数十年間、父の便利な手足となって働いて、ついに私も社業から引退する時が訪れた。経営が兄へと受け継がれたのをきっかけにね。

それでもしばらくは外部の相談役を続けていた。訪ねてくれる人がいる間はね。会社としても、接待役っていったら変かもしれないけど、人脈を維持するのに役立っていたので、それはそれで良かったの。

父が職を退いてからは、人の数が年々減っていった。

蔵書はそれでも増え続けていたわ。そこで、今度は、ビジネス絡み以外の人にこれを役立ててもらうのもいいかな、と思い始めた。

それには、もっと本のジャンルを増やさなければならない。公共の図書館みたいな網羅的なものじゃなく、何か恣意的で、誰かの指針になるような選書をするの。

でも、正直、私には難しかった。ようするに金儲けに繋がる読書しかしてこなかったでしょ。そこで、助っ人を頼むことにしたの。

構想を練った。別に常駐のスタッフでなくともよかった。本棚のある部分を、私以外の人の視点で選び取った本で埋めてくれればいい。人が入れ替わってそれを続けていけば、面白い本棚になるはず。

ただし、条件があった。本を選ぶのは、誰かが人生の上で言葉なり文章なりを必要としている時に、その人に対する推薦図書でなければならない、としたの。

「言霊探偵部」は、そうやって始まった。最初はそんな名前ではなかったけど。

そうこうするうちに、会社関連の人脈から相談がほぼなくなった。だから私は実家から出ることにした。七十歳ぐらいの、初めての独立だったわ。

神奈川県にビルを一つ買って、丸ごと図書館に作り変えた。図書館、というより、ひとつの大きな本棚と表現した方が正しいかしら。

そうして、「図書館塔」は、何組、何十組もの相談者と推薦係とが有機的に作用し合うことによって、偏りのある興味深い本棚に熟成されていったの〉

マコトは、なんという奇妙な人生を歩んできたのだろう。

そして、僕も彼女のわけのわからない世界に巻き込まれつつあるらしい。

物語にはまだ続きがあった。

彼女が京都に来た理由だ。

外へ出ないはずの人だったのに、遠出をして僕の病室に現れた。そこにもまた、想像もつかないような展開があったのである。

エピソード7　線形／再生

〈今回、私が京都に来た理由ね。あなたに関係あることだからちゃんとした説明が聞きたいわよね。

ひとことで言うと、こちらにも神奈川のものと同じような本棚を作るため。つまり、相談者と選者を募って、私の野望をもう一度、ここで一から始めるの。

では、なぜ京都か。それには因縁があるの。

ずっと前に、いえ、私にとっては最近みたいなものだけれど、神奈川に図書館塔を作る以前のことよ、私設図書館を作る候補地として最初にあがっていたのが京都だったの。

なぜかというと、居抜きの物件があったから。

そう、この土地にはもともと大きくて、ずっと使われていない、クローズドな図書室が存在していたのよ。

それが、さっき行った御所と関係あるわけ。

実は、京都御所には、秘密の図書所蔵庫を保有してきた長い歴史があるの。

規模は約三キロ。

図書館なり図書室の広さを表す単位としてはちょっと違和感あるけど、仕方がないわね。長さでしか表現できない。

なにしろ、御所の地下から金閣寺の方面へ向けて掘られたトンネルなんだもの。

由来をざっと説明する。

現在の場所に御所が落ち着いたのは十四世紀の南北朝時代なんだけど、いつ頃からか、収集された本のうち、それほど重要度が高くないと判断されたものは専用の倉庫に収容することになったのね。

以来、御所の書物保存には二つのルートができて、何百年も併用されることになった。後に歴史的に大きな意味を持つような書物は、地上の建物に、破損のないよう大切に保存管理され、もっと地味な、入手したけどたいした価値がなさそうなものは土地の一角に作った地下室に送り込む。

もっとも、その地下室も初めから書物を入れる目的で作られたのではなくて、他の処分に困る何かのために作られたらしいわ。初めはとても狭くてね。少なくとも五百年ほど前だったろうって考えられている。それがいつの間にか本の倉庫として転用された。

時代を経るにつれ、地下書庫はどんどん拡充されていった。

その理由について書かれた記録はないけれど、普通に考えればわかるわよね、本が時代を追って増えていったからでしょう。

「正規の」地上の方の書庫がいっぱいになれば、溢れた分を選別して、重要度が低くなった本を頻繁にアクセスしない倉庫に入れておくことになったんじゃない？　そして、そんなことを続けていけば、キャパシティがもたなくなるのは当然でしょ。だから、地下を掘り広げた。

それで、広げる際の方法なんだけど、部屋の面積を大きくするのではなくて、本棚を設置できるぐらいのトンネルを横に掘っていったの。

「面」ではなく「線」だったわけ。その理由についての記録もない。

だけどこちらも予想はつく。当時の建築技術でだって地下室を作ることはもちろんできたでしょう、一度ぐらいなら。でも、結局すぐにまた書物で満杯になるのは目に見えているわよね。

だったらどうする？　その度にリフォームして大きな部屋にしていくなんて現実的ではないんじゃない。ならば、トンネルにして必要なスペースを確保して、足りなくなったら掘り進めばいい、そんな考えに基づいていたんじゃないかしら。

絶対にそんな経緯があったとは断言できないけど、現実に、数百年の間、書庫トンネルは延長され続けていった。

集められた本のジャンルは様々だった。

仏教の経典から、儒教などの中国由来の学問に関する書物、江戸時代になればエンターテインメント。聖俗併せ持つというか、雑多になんでもコレクションされた。元の本を手書きで写したものもあれば印刷された書籍もあった。

最終的に、というのは、戦後になり国会図書館ができて本が移されるまでってことだけど、図書トンネルは、御所から金閣寺の手前までの三キロ以上にまで延びていた。それに、長い間には、メインの道筋からところどころ横穴が掘られて、アリの巣のような形状にもなっていた。

御所内に保存されてきた宝物である貴重な書物は、最新の保存法で場所を変えないでそのまま保存されたり、博物館に寄贈されたり、戦前から適正に処理されたけれど、図書トンネルのほうは、冊数の多さもあって、全てに管理の目がいきとどいているとはいえない状態だったのね。古ければ古いほど、状態は悪くなっていたし。

徹底的な調査が入り、時間をかけて選別して残すべきものは残して国会図書館に所蔵されたのは、意義深かったと思う。当時のままでは、いずれ全てが朽ち果てていったでしょうから。

東京の国会図書館に行ったことある？

あそこは国内のあらゆる書籍を集める目的で作られたから、地上地下ともにあれだけ大きな入れ物があっても、次々に増設をした。大阪には関西分室も建設されているし、未来には違う展開もあるでしょう。

それはさておき、こうしてすべての書籍が持ち出され、あとにはトンネルだけが残ったわけ。

私が図書トンネルの存在を知ったのは、一九六〇年代初めだったわ。ちょうど、実家に作った自分専用の図書室を増築したりしてどんどん拡充していた時期だったの。

いいな、一本道の図書室なんて面白い、と思ったことを覚えている。

その後、数十年経って、新たに大きな本の収蔵場所が必要になった時、京都の図書トンネルのことを思い出した。で、知り合いのツテをたどって見学に来たわけ。ほら、父の仕事を手伝った関係で、人脈はあちこちに築いてあったから。

九十年代になるかならないかだったけど、トンネルの壁が崩落することもなく、思ったよりずっときちんと、しっかりとしていたわ。

あとで聞いたら、数百年にわたって補強されてきているし、使われている本棚だって時代ごとに少しずつ、より耐久性のある新しいものに入れ替えてあったんだそうよ。図書トンネルは文化財の指定を受けることがないから、古い形を保存する必要がなくて何でもできたらしいの。

その時初めて知って驚いたのは、出口がないことだった。

先端が金閣寺のあたりまで届いているというのはおそらく間違いないけど、あくまで計測からはじき出した計算の上でだけなんだって。確認はできていない。途中、湿気がこもったり、中の人が呼吸困難にならないように無数の空気穴が作られてはいても、人間が出入りできるほどの広さではない。

それはそうよね。厳重に守られた秘密ではあったとしても、御所に繋がったトンネルの存在がもし悪意のある勢力に知られたりしたら大変でしょ。だから一方通行。

書籍が場所を移していくにつれ、図書トンネルは、無用の長物になっていった。

年代にしてはしっかりしていたものの、万が一のことがないとはいえないから、メンテナンスはしていかなければならない。地上の一般住宅に迷惑をかけるようなことになったら困るでしょ。一気に埋めてしまう案も出されたけど、費用がかなりかかるので実行できなかった。管轄は宮内庁、となれば、経費は国家予算。歳出として詳細が公表される。すると、文化財的価値はあまり認められないけれど、長年秘密にされてきた施設の存在を公にしなければならない。

それが私にとってチャンスだと思えた。

もし可能であれば、私が買い取るか場所を借りるかして、図書室として使用できないかってね。メンテナンス費用も、もちろんこちらが負担する。

交渉はある程度まで進んだけれど、その時は最終的に頓挫した。詳しくはわからないけど、どうも宮内庁と旧文部省と京都市との間で、所管上の問題が出てきたらしいわ。お役所との仕事って難しいのよ。

その後、神奈川に図書館塔を作ることになって、そちらの整備は、施設的にも資料の充実という面でもいい方向に進んでいった。私の目論見は、達成されたわけ。

でも、一方で、図書トンネルもずっと気になっていた。

関西にそういう図書室がもう一つあってもいいし、何より面白いじゃない。

二〇〇〇年代に入って、また交渉を開始したわ。

なんだかんだで気長にやって、それから結局十年近くかけて、やっと賃貸で借りられることになった。

条件は二つあった。

まず、現代の基準にあった安全性を確保するため、トンネル内の改修・メンテナンスを私の費用で行うこと。もうひとつは、御所内に設置された入り口をふさいで、改めてどこかに作り直すこと。

全く支障にはならなかったわね。

私の方からは、いつか返却することがあっても現状復帰はできないので、その点の了承をしてもらった。

すぐに計画を立てて、工事に手をつけた。

まず、トンネルの長さだけど、計算してみると御所から金閣寺までは必要ないだろうという結論になった。二キロちょっとでいいんじゃないかって。だいたい北野天満宮のあたりまでにして、そこから先は埋め立てる。

空調施設は人間のためと、書籍のためと、両方を考慮したものに刷新した。

さらに、トンネルの途中で三箇所、地上へ出られる場所を作った。ようするに、ちょうどいい場所にあったお家を買って、トンネルまでの縦穴を掘ったんだけど。下水道とマンホールのような関係かしら。そこには、事情を理解してくれた方たちに住んでもらうことになっている。

ことさら秘密にするつもりではないんだけど、公表したところで、一般開放はしないから あまり意味はないわよね。大掛かりとはいっても、私という個人の図書室ってだけなんだから。

全部が完成したのが今年の四月だった。各お役所の点検や改善命令がいくつもあって、やっと使用の許可が下りたのは、七月末。それで、今日は挨拶回りやらのために京都入りしたの〉

どう反応したらいいかわからなかった。

マコトが規模の大きなすごいことをしているはわかるが、超絶すぎて、僕がどんな感想を口にしても間抜け以外のなにものにもなり得ないだろう。

自分は凡庸すぎる。彼女とは生きる世界が違う。

けれど、まだ確認しておかなければならない事柄はある。

なぜ僕なのか。

こんな大それた秘密を打ち明けられ、また、怪我が全治するまでの間、図書トンネル関連の仕事を提供するとのことだ。その相手としてなぜ僕が選ばれたのだろう。

彼女との間にどんな繋がりがあってこんなことになっているのか。

理由を教えてほしい、と問いかける。

「午後に病院へ行くから、その時、話しましょう」

それが、返ってきた答えだった。


僕は一人でバンに乗り込み、病院へ戻った。

明日の退院に備え、私物を整理する。

もう九月になるが、陽が昇れば相変わらず暑かった。少し動いただけで汗ばんでくる。息が切れてきた、たった数週間の入院なのに、動かないでいたせいだろう、ずいぶん体力がなくなったと感じる。

八田と矢澤先生と向井さんが置いていってくれた本は、本棚に収まっている。ベッドサイドの床が本で溢れてきた惨状をみて、整理しろよ、と八田が持ってきてくれた。

全部の本を読み切った。

その後、八田は二日おきぐらいに、向井さんは彼女自身が退院してから一度、見舞いに来てくれた。矢澤先生とはほぼ毎日顔をあわせる。

読書の感想は彼らに伝えた。

しかし、それらはあくまで感想だ。

彼らとの会話の中で浮かび上がった、ヒーローとは？　の疑問に対して、僕なりの答えを見出せていなかった。

今まで深く考えたことがなく、漫画・アニメ・映画の謳い文句で「ヒーロー」とされていれば、そのキャラはヒーローなのだと理解してきた。

では、僕には誰がヒーローかを決められるのか。ある人（実在でもフィクションでもいい）をヒーローと呼ぶべきかどうか問われたら、答えられるだろうか。

例えば、極端だが、世界中の誰もが否定するような存在を「あいつは僕のヒーローだ！」と堂々と宣言できるのか。

服や音楽、食事まで、世間がどちらを向いているかで価値を決めている。僕の好みはあるけれど、それすらあらかじめ取捨選択された流行の範囲内でしか発揮されない。

……今まで僕に欠けていたのはそれかもしれない。

自分で決められる力。

ヒーローは憧れの存在だ。あんな風になれたら、と思うような。

なのに、そんな憧れすら、事前に誰かに選んでもらわないと見つけられないなんて。

ともあれ、八田たちに刺激された僕のヒーロー探求は、疑問を呈しただけで終わった。

午後三時、「最後の回診だよ」と言いながら矢澤先生がやってきた。

彼の後ろに、マコト、博士、八田と向井さんが続いている。

「え、どういうこと？　知り合い？」

思わず尋ねる。たまたま居合わせたのだろうか。

「うん、話は後で。まず、すませてしまおう」

矢澤先生が手早くルーティンになったチェックをして、「問題なし」と締めくくった。

そして、「さて、どうする?」と他のメンバーの顔を見回す。

すると、

「じゃあ、俺から」

八田が小さく手をあげた。説明役を買って出るらしい。

僕に本を読ませたのは、三人で申し合わせた計画だったという。

しかも、背後にはマコトがいて、助言をしていた。

「順番でいくと、俺と田代で『キングダム』の話をしたのが最初。それを俺が向井さんに言ったら、彼女はマコトさんに相談した。最後に矢澤先生も巻き込むことになって、ああいう展開に」

本などの資料は、すべてマコトからの提供だ。

八田と向井さんは付き合っている。そして、向井さんは矢澤先生の娘。苗字が違うのは、矢澤先生と向井さんの母親が離婚し、娘は母方の旧姓となったから。

向井さんとマコトの関係は、昔、東京にいた中学生の頃に「言霊探検部」と関わって以来なのだという。

食堂で向井さんが話しかけてきた、あの初めての時、すでに僕が何者かわかっており、何を話すかまで大体決まっていた。

騙されたのだ、僕は。引っ掛けられた。

何一つ、気づかなかった。

「運がよかったんちゃう？　奇跡みたいなもんやと思うわ。君が入院したタイミングで私が盲腸になって、父親の勤める病院に入院して、八田君が二人の見舞いに来て、父が君の担当だと知った。ヒーローがどうのいうんは、この二人で盛り上がってたこと。しかもやで、あの散歩のために外出するのさえ面倒くさがるマコトさんが京都に来てるなんて、神様がおるとしか思えへんわ。ネックは、前に言った通り、私はあんまりヒーローだのスーパーヒーローだのに興味なかったから、本を選ぶのに苦労したことぐらい」

とは、向井さんの弁だ。矢澤先生が畳み掛ける。

「八田君はね、田代君があまりに落ち込んでいるから、気が紛れることがないか探していたんだよ。しかし、病院のベッドで、片手の指が固定されたままだと、やれることもたかが知れているだろ」

落ち込んで……八田の目には、そう映ったのだろうか。

「もっと前だな。二年の終わり頃から悩んでいただろ。学校を辞めるのは決めたけど、自分に自信がない、みたいなことで。それが、怪我の件が起きて完全に叩きのめされた、ようだった」

だから、手の込んだ演出で、僕を読書に誘ったのだという。

真実を知らされて、呆然としてしまった。

怒りはない。ないが、感謝の気持ちが湧いてくるわけでもない。どちらかといえば、どう受け取っていいかわからなかった。

しばらく誰も何も言わなかった。

沈黙を破ったのはマコトだ。小さく咳払いをする。そして、

「事情はわかったわね。それで、今朝頼んだ仕事の件だけど『資料整理』の方よ」

上司が部下に話しかけるようなビジネスっぽい口調だった。

「つまりは、本の推薦役ね。もう何をするかわかったでしょ。この人たちが君にしたみたいなことよ。相手の興味ある話題にあわせて、自分の経験と好みから本を選んで推薦する。これも体験したからわかると思うけど、勧められた側がどう受け取っても、私たちの関与

することじゃない。私は問いただしたりしない。向こうから何か言ってきたらべつだけどね。だから、本を選ぶ上での考え方について、自分のやっていることが『正解』であるかどうかを気にしなくてもいいの。要求するのはオリジナリティ。君が脳みそを目一杯働かせて、課題に取り組んで答えを出すかどうか」

僕にできるのだろうか。他人の刺激になるような本を選んで勧めるなんて。

もちろん、自分と関係ないテーマは無理だ。二十一年の生涯の中で、一度も聞いたことがないような事柄について僕ができることはない。

反対に、少しでも関心を持ったことのある話題なら、あるいは……。

頭の中がおろおろした。そんな即断即決できない僕にイラついたのか、マコトがぴしゃりと言い放つ。

「もういいでしょ。明日、退院したら、すぐに二つの仕事を始めてちょうだい」

事もなげに（僕の代わりに）決定を下してしまった。

そうだ。この際、逃げても意味はない。現状では、考えるのはやめて、言われた通りに従うのがベストの選択かもしれない。

「わかった。じゃあ僕は明日からどうしたらいいん？」

「明日、退院の時間を見計らって博士が迎えにくるわ。あとは彼に任せて」

「あ、推薦図書のテーマは先に教えてもらえるんやろ？　何を目標にしたらいいんか」

すると、マコトは黙って傍らに立つ向井さんを見上げた。うなずいた向井さんがドヤ顔になって言った。

「依頼主は私。テーマはヒーロー探し。決まってるやろ。今さら何言うてんねん」

エピソード8　探索／選択

翌日から、僕は京都御苑そばの一軒家に住み込むことになった。

庭に図書トンネルの出入り口が設置されている。通常はエレベーターを使用して地下へと降りていく。

もしもの時（例えば停電のような）のために非常階段も用意されている。図書トンネルで使われる電気は、ソーラーを中心とした自家発電システムでまかなっているのだが、何が起こるかわからないからだ。

博士の案内で、内部を見学した。老人は、相変わらずフォーマルスーツに蝶ネクタイ、山高帽を着用している。

トンネルまでの深さは地下約二十メートル。ビルに例えれば四階分に相当する。

実際に入ってみると、思ったより広かった。トンネルの横幅が、先日まで僕が住んでいた六畳のワンルームマンションの長方形の一辺ぐらいはある。左右の壁に高さ二メートルほどの書棚が据え付けられて、トンネルの奥へ奥へと続いている。

マコトによれば、それが数百年間に渡って掘られ、維持され、最終的には三キロ以上にもなっていた。いざ実物を目にしてみると、大変なことのように思える。

それとも……感心しすぎなのだろうか。なんといっても京都御所、日本最高峰の土木工学技術を注ぎ込んでいたのかもしれない。であれば、トンネルを掘るぐらいわけなかった可能性もある。

書棚には、すでにある程度、本が並べられていた。松葉杖をついて歩いてみたが、しばらく進んだところで飽きて帰ってきた。

蛍光灯に照らされた、天井、地面、本棚、本。

延々と同じ風景が続くのだ。並んでいる本のタイトルを眺めてみても、めっちゃ難しそうなものばかりで、わざわざ松葉杖から手を離してページをめくってみる気にはならなかった。

「とりあえず、専門的な書籍から搬入しています。バラエティに富む蔵書とするには、田代様のような方々の力をお借りしないと」

博士が解説する。

「これだけ距離があると徒歩での移動は大変ですから、今、便利な乗り物を作っているところなのです。書籍の整理は、最終的にマコト様がお一人でなさいますので」

二キロも続く本棚をたった一人で仕切るのか。想像を絶している。


向井カナさんのためのヒーロー探し参考書を選ぶ。

彼女の好みは、入院中に聞いてわかっている。

・小説・漫画などのフィクションの登場人物ではない
・歴史に語られるような武将や英雄ではない
・スポーツは関心がない
・メジャーな偉人は避けたい

これらを「好み」と呼べるのかどうか。ネガティブファクターばかり。「ではない」だらけ。さすが向井さんだけのことはある。

入院中に彼女が推していた人物は、明治生まれの文豪の友人、日本の科学発展を脇から支えた人、虫の標本商など、実在の人物だった。

しかも、あろうことか、彼らの中には「自分のヒーローがいない」と言い出した。「逆張り」。そんな言葉をSNS上で見かけることがあるが、向井さんはそういう性格なのだろうか。なんて言うとさすがに悪い気がするので、せめてうちの母が時々使う「あまのじゃく」の方がマシだろうか。

一つだけ、彼女の表現の中に、ポジティブととれなくもない要素があった。「執着」「偏執的」「固執」。周りが見えないくらい何かに夢中になってしまう。選んだ人物たちを、彼女はそんな風に紹介した。僕にわかりやすいような表現を使っただけかもしれない。でも、なんとなく、悪い手がかりではないように思えた。


最初に手に取った本は、『青いバラ』だ。ネットで偶然見つけ、買った。費用はすべてマコトもちである。

青いバラという欧米語は、長年、あり得ないことの例えとして使われてきた。

それだけに、青色のバラを作れたら、とんでもない金儲けができる。

この本には、世界中で青い色のバラを生み出そうとしてきた古今東西の人々の記録がたくさん集められている。

品種同士をかけあわせて、色を変化させようとするのが「育種家」。化学を利用したり、遺伝子操作によって新品種を生み出そうとするのが「バイオテクノロジー」。生物学や植物学がさっぱりわからない僕には難しすぎる部分もあったが、彼らの青いバラにかける情熱が凄まじいことは理解できた。

なによりすごいな、と僕が思ったのは、この本を書いた著者の、のめり込み方だった。各国のバラ栽培の歴史から文学から化学から近所のバラ園の様子まで、バラから連想した話題をとことんまで掘り下げている。「バラ」「ばら」「ローズ」という言葉をこれほどいっぺんにたくさん見たのは生まれて初めてだった。

〈なぜバラには青がないのだろうか……。もしどれほど探しても青いバラの野生種が見つからなければ、自然がバラに青を与えない理由があったということではないだろうか〉

本の真ん中あたりに書かれていた言葉。これは僕にも十分理解できる。ヒーロー参考書にいれてみることにした。ついでに、バラやバラ園の写真集、バラだけの品種辞典も何冊か眺め、よさそうなものを選んでおく。

科学つながりで、次の本は『世界を変えた50人の女性科学者たち』。「女性」科学者にであることに意味はない。向井さんが選んできたヒーロー候補に女性はいなかった。彼女が性別を意識しているわけではないだろうとは思う。だから、そういう理由で関心を持ったわけではない。

ひとつ、内容とは全く関係ない発見をした。放射線の研究で僕でも知っているぐらい有名なマリー・キュリーは一八六七生まれだった。夏目漱石や幸田露伴たちと同じ慶応三年だ。向井さんに教えると喜ぶだろうか？

それはともかく、僕が気になった科学者はバーバラ・マクリントックだ。当然、知らなかったが、かなり偉大な遺伝学の研究者である。トウモロコシの同じ房に実っているのに、色が違う粒がいくつもあることに疑問を持って研究を重ね、遺伝子乗り換えがどのように形に現れるかを証明した。

本にはマクリントックの言葉から、こんな引用があった。

〈あの喜びを感じるとき、あなたは正しい実験をしているのです。どこへ進むかを素材そのものに任せ、次にどうするべきかをあらゆる段階で教えてもらうのです〉

ああ、それだ。わかってしまった。

ノーベル賞学者の発言をわかった、と思う時点でどうかしているかもしれないが、ようするに、うまくいっている時は正しい方向に進んでいると思え、余計なことは考えなくていい、みたいな意味じゃないだろうか。

ここのところ、あらゆる物事が僕を躓かせてばかりいるけど、思い起こせば、いい時もあったのだ。小学生の時、所属していた地元のサッカークラブの試合で僕が決めたシュートが決定打となり勝ったとか、高校で初めて彼女ができたとか、うまくいく場合はだいたい前の過程からうまくいっていた。

一九〇二年生まれのマクリントックが活躍した時代、アメリカの科学界は女性蔑視がすごくてずいぶん苦労したらしい。そんな厳しい環境ですら、彼女が正しい道を歩むことを阻めなかったのだろう。

マクリントックに関する日本語の本が二冊入手できた。遺伝学の部分はところどころとても難しいが、そういうものとして流してしまえば読めないことはない。リストに加えておく。


さらに、向井さん向けの目玉として二人を用意した。

裁判官と政治家だ。どちらもめっちゃメジャーである。あまのじゃくの彼女の好みにあえて逆張りして挑戦してみたい。

二人は、あらゆる意味で正反対の存在だと思う。一方のファンは、もう一方を憎む、というような。僕はそういう凝り固まった感じをくだらないと思う方なので、ワンペアとしてヒーロー探しに加える。

一人目は、アメリカの最高裁判事、ルース・ベイダー・ギンズバーグ。

日本語で読める本は、一冊しか見つからなかった。他には、アメリカのテレビ局制作のドキュメンタリーと、彼女をモデルにした映画がアマゾンで見られる程度。

彼女は、一九六〇年代に弁護士資格をとり、アメリカ法曹界最高の位置にまで上り詰め、アメリカ社会に影響を与えた。

多くの女性が法律家を目指すきっかけとなった存在であり、彼女たちにとっては間違いなくヒーローのようだ。

あだ名は「ノトーリアス《悪名高い》RBG」。

ニューヨーク出身のラッパー「The Notorious B.I.G. をもじっている。違法薬物の売人からヒップホップのスターになり、二枚目のアルバム発売直前、二十四歳で射殺された。彼女のファンがSNSで使用したのが拡散し定着したらしい。もちろん、ギンズバーグはギャングスタラップをしないし、違法行為もない。

では、なにが「悪名高い」のかと言えば、最高裁判事の一員でありながら、やたらと最高裁の判決に反対意見を述べるからだ。

特に、年齢性別人種を問わず、法の下の平等に反していると思えた場合には、敢然と異議を唱える。

ギンズバーグが終身職である最高裁判事になる前、一九七〇年代に多く手掛けた裁判は、アメリカにおける女性の権利拡大のために大いに貢献したという。なにしろ、男女同権という面で、アメリカは決して先進国だったことはない国だ。課題は山ほどあった。もちろん日本はもっとずっと下だけれど。

女性の権利についてばかり関わったわけではない。

自慢できる裁判を聞かれた彼女は、男性に育児給付がされないことを巡る訴訟をあげている。

出産で妻がなくなった。残された夫は会社を辞めて育児に専念することにする。そこで給付金の申請をしたところ、男性だからという理由で却下されてしまったので、彼は男女差別であるとして訴えを起こした。ギンズバーグが代理人に立ち、勝訴した。

彼女は、この例をあげて、法の下の平等とは、こういうことなのだ、と語っている。男尊女卑の傾向のあるアメリカでさえ、男性を差別するように法律が運用されてしまう例があるのだ、と。

信念の人、行動の人。


〈これまでの人生のいろいろな転機で、「これは本当にやりたいことなの？」と自分に問いかけてきました。もし答えがイエスならば、実現するための方法を見つけます〉

〈大切なことのために闘いなさい。ただし、周囲の人が協力してくれるような方法でおやりなさい〉

最高裁判事の一員になった時、決して、極端なリベラル派とは見なされなかった。どちらかといえば、中道に近いと考えられていた。しかし、その後の判事の入れ替わりで保守派のメンバーが増えると、その分、立ち位置がずれていく。

以前とは違う法律判断が下されることが多くなって、彼女は反対意見を述べ、「ノトーリアス」な存在になっていく。

何歳になろうと、熱心すぎるほど勉強をした。一緒に住む誰かが、ご飯の時間ですよ、寝る時間ですよ、と誘導しないと、いつまでも食べず眠らず、裁判記録を読み、判例を調べ、反対意見を書き続けてしまう。

老境に入ってから、若者たちの支持が強くなった。今日、RBGがまた言ってくれたよ、とSNSで八十歳を超えた労判事の動画を拡散した。

二十歳の頃の自分にアドバイスを送るとしたら、と聞かれこんな答えを返している。

〈「とにかく、やってみなさい」ですね。血のにじむような努力を惜しまなければ、夢はかなえられます〉

二人目は、田中角栄。

あちこち調べているうち、目にとまってしまった。

多くの説明は必要ないし、もし知らなきゃネットで簡単にいくらでも情報が得られる、戦後日本を代表する政治家。ＲＧＢが反骨の人なら、体制側といえばこれほど体制側にいた大物は数少ないだろう。

金権政治。派閥政治。地元への利益誘導。家父長的な古い親父像……。マイナスイメージがいくらでも浸透している。一方で、最近のビジネスマンからは、田中角栄のようなリーダーシップに憧れる声も多く聞かれる。

ただ、そんな面を取り除いてしまえば、割と向井さんの要求にあう部分のある人物像にも思えてくる……受け取り方次第だろうが。

まずは偏執的といえる勉強熱心さ。

新聞各紙に毎日隅から隅まで、訃報に到るまで目を通し情報収拾に務めたとか、伝説っぽいので、もしかしたら盛ったエピソードかもしれないが、『広辞林』をすべて暗記していたとかいうのもある。

記憶というなら、繋がりがある人のパーソナルなネタは、先輩政治家だろうと、一年生議員だろうと、地元の支援者候補だろうと暗記しまくっていた。そして、実際に会った時、さりげなく話題にする。すると、相手は「あの」田中角栄が自分に気をかけていてくれたと思ってファンになってしまう。

だからといって、その手の仕草を計算づくで嫌々ながらやっていたかというと、そうでもない、と僕の読んだ本には書いてあった。心から本気だと伝わってきたと。稀有な人間はそういうものらしい。

〈政治力というものは、確かにカネも有効なことはある。しかし、それはワン・オブ・ゼムにすぎない。しょせん指導力、行動力、統率力といったなかの一つにすぎないということだ。政治力というのは人を動かす力という意味だが、いろんな力の総合されたもんなんだ。そして、最後は人と人との信頼関係の積み重ねによる。これだな〉

〈君らが東京の丸の内で酔っ払って倒れても、救急車で運ばれて一晩休めば命に別条はない。同じことを北海道でやったらどうなるか。そういう格差はなくす。それが日本列島改造論だ〉

次のポイントは、決断と行動。

国の政策については、政権与党の政治家である以上、いろいろあったろうから僕がどうこう言えるところではないけれど、ことリーダーとしてのあり方については揺るがしがたい信念と行動規範があったらしい。

特に目立ったのは、身内が関わる葬儀と、入院などの通常でない重荷を背負った場合だったようだ。毎年恒例のゴルフ休暇は、大物政治家が声をかけても東京に戻ることはないのに、誰かの葬儀となると、ヘリコプターを飛ばしてでもあっという間に駆けつけたらしい。「会議より葬式」という言葉もある。

ロッキード社の航空機売り込みに関わる汚職で逮捕され、有罪判決を受けている。田中角栄は、清濁併せ持つかなり極端な存在だけれども、ヒーローは偏った人間だから、ここでは問題にしなくてもいいのではないかと僕なら思う。向井さんはどう反応するだろう。

〈遺書を書くことで緊張感が生まれる。全力で仕事をやり、結果、何があっても心残りがないから〉

〈ノーと言うのは勇気のいることだ。しかし、逆に信頼度はノーで高まる場合もある。できないものはノーとハッキリ言った方が、長い目で見れば信用される〉

〈避けられない運命であれば、けっして逃げ出さないということだ。吹雪は一天にわかにかきくもるからね。そういうときは、やはりその中にじっとしていなければならない。（略）雪の中では、人間全部運命論者になるんです〉

ヒーローもののネタが四つにまとまったところで、神奈川に帰っているマコトに博士を通じて連絡した。

本選びにとりかかってから、十日ほど経っていた。

翌朝、マコトが博士をともなって京都入りし、僕のいる家へやってきた。

「言霊探偵部」のルールでは、依頼者に対して推薦者がプレゼンすることはない。そもそも、両者はお互いが誰かすら知らされない。今回の向井さんと僕の場合は異例だ。

推薦者が相手にするのはマコトである。その本なりメディアなりをなぜ選んだか、経緯と狙いを説明する。そして彼女が、推薦者は問題をきちんと消化しているか、また調査を十分尽くしたかどうか判断し、合格であればそれらを書棚に並べて依頼者に提示する。

あとは、何かを学ぶにせよ、何も受け取らないにせよ、依頼者次第だ。

このシステムの目的は、依頼者の悩みに対して、本人とは違う視点から解決へのアプローチを示すこと、だそうだ。

当然、依頼者にとって的外れな本ばかり選ばれる場合もあり得る。そんな時、どうしても不満で、さらなる参考書がほしければ推薦者を変えてやり直しとなる。

僕の推薦図書案にマコトからオーケーが出た。

「意外と早かったわね。もっと難渋すると思ってたわ。カヤは難しい子だから、本人を知ってしまうと、余計にやりにくいんじゃないかなって」

マコトの言う通りだ。向井さんは手強い。僕よりいろいろなことを知っているし、読書はたくさんしているし、人間的にややこしい。彼女のための本を選ぶ、というだけならば、僕は「できない」と途中で投げ出したかもしれない。

とりあえず、ホッとした。今まで経験したことのない妙な頭の使い方だった気がする。最後まで続けられたのは、ヒーロー探しが、もともと入院中の僕のためのテーマだったからだろう。向井さんではなく、本当は自分に向けて答えを探していたのだとも言える。

ヒーロー。強くて、くじけなくて……強い。あいつら、何なんだ？

そんな疑問。

調べ物をしている間に、気づいたことがある。バカみたいに当たり前な、バカな子どもみたいな発見だ。

でも、驚いたことに、伝記だろうが、小説、漫画、アニメだろうが、千年前の歴史書だろうが、すべてのヒーローに同じ法則があてはまってしまう。

スゴい奴は、誰か、赤の他人が語ってしまうぐらいの大きな何かをした事実があるからスゴくなったのだし、ヒーローになったのだ。

彼らは、「強いから行動をする」のではなく、「行動したから強くなる」。

何もしないと何者にもならない。

……たぶん。

参考図書　『青いバラ』最相葉月／岩波現代文庫
『世界を変えた50人の女性科学者たち』レイチェル・イグノトフスキー、野中モモ訳／創元社
『ルース・ベイダー・ギンズバーグ』ジェフ・ブラックウェル&ルース・ホブディ編集、橋本恵訳／あすなろ書房
『田中角栄の経営術教科書』小林吉弥／主婦の友社

エピローグ

足の損傷は治るまで半年かかったが、その後、以前と変わらない生活ができるようになった。

季節が進み、秋の観光シーズン、年末年始の観光シーズンを越えて、春の観光シーズン目前になった。どっちみち、京都は観光客でいっぱいになる。

しかし、今年は様子が違っていた。

疫病のせいで人が来ない。こんなことは、平安京遷都以来、数えるほどしかなかったのではないだろうか。

僕の新しい人生は、予定より遅れて始まった。

正式に社会人となり、フルタイムで働いている。

住居は、マコトの好意で、庭に「図書トンネル」の出入り口がある一軒家を使っている。

会社が自転車で二十分ほどの距離にあり、通勤にちょうどいい。

八田とは疎遠になるかと思ったが、予想がはずれた。頻繁に顔を合わせる。

それはそうだ。なにしろ、一緒に住んでいるのだ。

僕がここに住み続けるにあたってマコトが出した条件は、仕事で忙しくなる僕の後任の管理人を見つけて同居すること。八田ならうってつけだった。

彼は、去年のうちに地元の不動産業者から内定が出ていた。だが、コロナのせいでどうなるかわからないらしい。

建物の一階は「言霊探偵部」で使うため、最初に僕が訪ねた時の、殺風景なままにして、二階をリフォームして二人分の部屋を作った。

マコトと博士が月に何度かやってくる。図書トンネルを整理するために。

八田によると、トンネル内の本はどんどん増えているらしい。送られてくる本を運び込むのも彼の仕事の一つだからよく知っているのだ。

内部での移動のための新装置は、問題が起きて開発が遅れている。代わりにセグウェイを運びこんだらしい。少女と老人が地下トンネルをセグウェイで走り回る図は、想像すると、なんだかおかしな気がする。

向井さんもよく来る。春から大学院へ進学だそうだ。

あれから八田と三人で何度も長話をした。

時折、あの頃のことも話題になる。

行動するのがヒーローだ、という僕の説に、反対はしないものの、そもそも何かするには動機が必要じゃないのか、特別な行動を取らなければならないような特別な目標を持っているのが彼らなのでは、というのが向井さんの意見だった。

八田はいつも通り、黙って聞いていた。そのうち、僕と向井さんが口論を始めそうになると、まとめ役になる。

僕は、向井さんが「私のヒーロー」を見出したかどうか、ずっと聞けずにいる。

折れない翼のそだて方 新・飛ぶチカラ

2021年6月20日 初版第1刷発行

著 者 古井田宏輝 杉本悠翔
編集・制作 金子哲郎
発行人 心道仁人
発行所 敬天舎出版
〒169-0051
東京都新宿区西早稲田2-18-23 スカイエスタ西早稲田2F
電話 03（6670）1696
発 売 サンクチュアリ出版
〒113-0023
東京都文京区向丘2-14-9
電話 03（5834）2507 FAX 03（5834）2508

印刷・製本 株式会社シナノパブリッシングプレス

執筆協力 湯江たけし

定価はカバーに表記してあります
ISBN978-4-8014-9155-7 C0030

敬天舎の既刊本

KASSORO
PRESENTS

飛ぶチカラ

自由のためのインプット／アウトプット入門

杉本悠翔
Yuto Sugimoto

カッコいいと思うこと。なりたいと憧れるひと。
それだけが君の「教科書」になる。

その夜、僕が出会ったのは高齢の少女だった!? 彼女に導かれ、知識と生き方を求め、見たこともない巨大個人図書館に分け入る依頼人を引き受けることになる。異色の学び方小説の誕生!

ISBN978-4-8014-9152-6 C0030　定価（本体1200円＋税）